Mein
Erfolgs - Coaching

Das Mindset
erfolgreicher Persönlichkeiten
erlernen

Nachhaltig erfolgreich werden

Auflage 2017 Februar
ISBN-13: 978-1978079793
ISBN-10: 1978079796

Copyright © 2017 T. Breise

Webseite tbreise.buch-autoren.de
Email: tbreise@tbreise.buch-autoren.de
Infos zu Impressum:
T.Breise
c/o Autoren.Services
Zerrespfad 9
53332 Bornheim
Gestaltung: Jason Masters Photography
Bilder: shutterstock.com Photography

Eintrag zur Email Liste für Neuerscheinungen,
bitte per Email Anfrage an:
newsletter@tbreise.buch-autoren.de
oder gerne auf meiner Webseite:
breise.buch-autoren.de

T. Breise

Mein
Erfolgs - Coaching

Das Mindset
erfolgreicher Persönlichkeiten
erlernen

Nachhaltig erfolgreich werden

Inhaltsverzeichnis

Vorwort	7
Der Erfolg	9
Selbstreflexion und ehrliche Analyse	11
Scheuen Sie sich nicht Herausforderungen anzunehmen!	13
Verlassen Sie Ihre Komfortzone und tun Sie etwas Neues!	15
Wenn" das Wörtchen „wenn"....	17
„Ich würde ja gern, aber ich weiß nicht wie!"	19
„Mir fehlen die nötigen Mittel!"	20
Erfüllen Sie sich Ihre Träume und tun Sie, was Sie schon immer tun wollten!	21
Denken Sie nicht darüber nach, was Andere über Ihr Ziel denken könnten!	22
Erfolgskiller negatives Selbstbild	23
Überprüfen Sie was Sie glauben!	27
Stellen Sie sich Ihren Ängsten!	31
Halten Sie sich nicht in der Vergangenheit auf!	33
Stärken Sie Ihr Selbstbewusstsein!	35
Emotionen sind Wegweiser	37
Machen Sie sich Ihre Lebenszeit bewusst!	39
Finden Sie heraus, was „Sie" wirklich wollen!	41
Setzen Sie Prioritäten!	45
Schreiben Sie Ihre Ideen und Geistesblitze sofort auf!	49
Die mystische Wirkung der Wunschenergie	51
Bewegen Sie sich auf Ihr Ziel zu!	53
Die richtige Zeit Ihre Träume zu verwirklichen ist „jetzt"!	55
Lenken Sie Ihren Fokus auf Ihren Erfolg!	57
Lernen Sie von erfolgreichen Vorbildern!	59

Berücksichtigen Sie Ihre Ressourcen	61
Überfordern Sie sich nicht!	63
Arbeiten Sie nicht „hart", sondern „scharfsinnig"!	64
Setzen Sie sich auf dem Weg zu einem großen Ziel Zwischenziele!	66
Zeitfristen setzen!	67
Belohnen Sie sich selbst!	69
Planen Sie Ihre Zielerreichung anders herum	70
Integrieren Sie Ihre bewusste Zielleerreichung in Ihren Alltag	72
Hindernisse und Widrigkeiten auf dem Weg gelassen begegnen	73
Verbinden Sie Ihre Zielsetzung mit immer wiederkehrenden Alltagshandlungen	75
To-do-Listen	77
Motivation erhalten auf dem Weg zum großen Ziel!	79
Balance zwischen Empathie und Erwartung finden!	81
Gönnen Sie sich Auszeiten!	82
Mit Neid und Anfeindungen gelassen umgehen!	84
Kritik als Chance verstehen!	86
Bereiten Sie sich auf Extremsituationen und Leistungsdruck vor!	88
Ausdauer und Einsatzbereitschaft sind die Voraussetzung für Ihren Erfolg!	91
Bleiben Sie flexibel!	93
Bleiben Sie authentisch!	95
Zeigen Sie Stärke und erkennen Sie Ihre Grenzen!	98
Hören Sie auf Ihr Bauchgefühl!	100
Gestalten Sie Ihr Leben mit Begeisterung!	102
Öffnen Sie Ihr Herz und wagen Sie es	100
Gratis Ebook zum schmökern	106

Vorwort

Sie möchten also erfolgreicher werden, Ihre Ressourcen ausschöpfen und auf Kurs bringen? Dann haben sie die richtige Wahl getroffen!

Sie müssen ein Ziel vor Augen und den Willen zu Veränderung mit sich bringen, und wir können zusammen die Reise zu erfolgreicherem und strategischerem Auftreten begehen! Mit Hilfe der Tipps und Erkenntnissen auf den folgenden Seiten können Sie viel Erreichen, aber überfordern Sie sich nicht, sondern wenden alles beständig und systematisch für Ihr Leben an, und Sie werden sehen das durchhalten Erfolg mit sich bringt. Aber sehen Sie selbst.

Ich hoffe Sie finden die nächsten Puzzleteile, die Ihnen den erwünschten Erfolg bescheren.

Der Erfolg

So unterschiedlich, wie die Menschen sind, ist auch die Definition von Erfolg für jeden Einzelnen. Für den einen mag Erfolg bedeuten viel Geld zu verdienen, für den anderen bedeutet Erfolg eine schwere Krankheit zu überwinden, wieder andere sehen ihren Erfolg darin, anerkannt und respektiert zu werden, oder die Liebe ihres Lebens zu finden. Vielleicht trifft auch all dies für Sie zu oder aber Sie haben eine ganz andere Definition von Erfolg.

Was auch immer Sie sich wünschen, um erfolgreich zu sein, sollten Sie sich zunächst einmal bewusst werden, was Erfolg genau für Sie bedeutet und wie Erfolg für Sie genau aussieht. Wie auch immer Sie Erfolg definieren und was er für Sie beinhaltet, eines ist in jedem Fall klar, erfolgreich ist, wer seine selbst gesteckten Ziele und Absichten erreicht. Weiterhin ist für viele die mit dem Erreichen eines Ziels verbundene Anerkennung ein wesentlicher Indikator für den eigenen Erfolg, wenn nicht sogar die hauptsächliche Motivation ein Ziel zu erreichen.

Überdies kann man sagen, dass Menschen sich in der Regel dann erfolgreich fühlen, wenn die an sie gestellten Herausforderungen parallel mit ihren wachsenden Fähigkeiten und Fertigkeiten verlaufen und sie somit das Gefühl haben, den Anforderungen und Aufgaben gewachsen zu sein.

Sobald sich allerdings eine Überforderung einstellt, ist automatisch das erfolgreiche Gelingen eines Vorhabens in Gefahr, sofern das Überforderungsgefühl länger anhält, was zu Stress bis hin zu Burn-out führen kann. Im gegenteiligen Fall, also wenn die Herausforderungen niedriger sind als die vorhandenen Kenntnisse und Fähigkeiten eines Menschen, stellt sich schnell eine Überforderung durch Unterforderung ein und führt zu Langeweile und einem Verlust an Motivation. Das richtige Maß an Forderung in Bezug auf die vorhandenen Ressourcen ist also entscheidend für den Erfolg.

Dieses Buch soll Ihnen dabei helfen Ihre Ziele zu verwirklichen, investieren Sie Zeit in Ihren Erfolg und lassen Sie sich auch Zeit beim Lesen dieses Buches, denn Sie werden mehr davon haben, wenn Sie die einzelnen Kapitel verinnerlichen und die vorgeschlagenen Übungen durchführen, anstatt dieses Buch im Schnelldurchlauf zu überfliegen. Nutzen Sie dieses Buch, um Ihr Leben zu verändern und Ihre Träume wahr werden zu lassen!

Selbstreflexion und ehrliche Analyse

Nehmen Sie Ihre momentane Situation einmal ganz genau unter die Lupe. In welchen Bereichen Ihres Lebens sind Sie erfolgreich und glücklich und wo haben Sie noch nicht erreicht, was Sie gerne hätten und warum?

Am wirkungsvollsten deutlich wird Ihre Lebenssituation, wenn Sie sich die Mühe machen alles ganz klar und deutlich aufzuschreiben. Oftmals kommen beim Aufschreiben noch viel mehr Zusammenhänge und Hintergründe ans Licht, weil man sich bewusst und konzentriert mit der eigenen Situation beschäftigt.

Finden Sie heraus, wo Sie stehen, vor allem in den Bereichen, in denen sich noch nicht der gewünschte Erfolg eingestellt hat. So erlangen Sie schnell Klarheit, wo Sie etwas verändern sollten, denn das ist zwingend nötig, wenn Sie nicht wollen, dass alles so bleibt wie bisher.

Seien Sie hierbei absolut ehrlich mit sich selbst und machen Sie eine nüchterne Analyse Ihrer aktuellen Situation in allen Lebensbereichen, angefangen von Ihrer Arbeit, über Ihre familiäre und partnerschaftliche Situation, bis hin zu Ihrer Wohnsituation, Ihrem Gesundheitszustand, Ihrem Freundeskreis und schließlich Ihrer finanziellen Situation.

Schreiben Sie zu jedem Bereich alles auf, wie Sie sich gerade fühlen und was sich Ihrer Meinung nach in diesem Bereich verändern müsste, damit Sie sich glücklich, zufrieden und erfolgreich fühlen.

Widmen Sie dieser Aufgabe bewusst mindestens 10 Minuten Zeit und schreiben Sie ungehemmt und aufrichtig alles auf, was Ihnen einfällt und was Sie dabei empfinden.

Diese Übung wird Ihnen dabei helfen, Ihre aktuelle Lebenssituation nüchtern und klar zu sehen, denn das ist der erste entscheidende Schritt auf dem Weg zum Erfolg. Nur wenn Sie wissen, wo Sie stehen, können Sie überhaupt ein Ziel festlegen, deswegen nehmen Sie diese Auseinandersetzung ernst, denn es geht für Sie um nicht weniger, als um die Erreichung Ihrer persönlichen Ziele!

Scheuen Sie sich nicht Herausforderungen anzunehmen!

Wir alle sind ständigen Entwicklungsprozessen unterworfen, weil sich die ganze Welt unaufhörlich entwickelt. Kurbeln Sie Ihre eigene Entwicklung bewusst an und nehmen Sie Herausforderungen mutig an. Sie können nur gewinnen, denn egal wie es auch läuft, Sie erfahren nur, was in Ihnen steckt, wenn Sie Ihre eigenen Grenzen ausloten und immer wieder auch überschreiten.

Nur wenn Sie sich auf Herausforderungen einlassen, können Sie sich selbst neu kennenlernen und vielleicht entdecken Sie Fähigkeiten und Talente von denen Sie nicht mal wussten, dass sie in Ihnen stecken.

Wachsen Sie über sich hinaus und lernen Sie Neues dazu. Schöpfen Sie Ihre Fähigkeiten und Talente voll aus und halten Sie nicht länger mit Ihren Stärken hinter dem Berg. Verstecken Sie sich nicht länger hinter fadenscheinigen Begründungen sondern starten Sie in Ihr neues Leben und wagen Sie es, neue Wege zu gehen, und sich weiter zu entwickeln. Lassen Sie sich von eventuellen Fehlern nicht abschrecken, Fehler sind dazu da, um aus Ihnen zu lernen. Sie haben nichts zu verlieren.

Wenn Sie glauben, dass Sie etwas nicht können, dann sagen Sie nicht „ich kann das nicht", sondern lieber „ich kann es noch nicht", denn Sie können es schließlich lernen.

Sich neuen Herausforderungen zu stellen, ist der grundlegendste Aspekt, wenn es darum geht, seine Persönlichkeit zu entwickeln und zu entfalten und Ihr Selbstvertrauen und Ihre Selbstachtung aufzubauen.

Halten Sie sich dabei immer Ihr eigentliches langfristiges Ziel vor Augen, dann erkennen Sie schnell, dass der bisherige, vielleicht zunächst einfacher wirkende Weg, nicht wirklich einfacher ist, als die Herausforderung anzunehmen, da er Sie langfristig nicht zu Ihren Zielen gebracht hat. Schreiten Sie mutig voran und fokussieren Sie Ihr Ziel.

Achten Sie aber stets darauf, dass Sie sich fordern, aber keinesfalls überfordern, was den gegenteiligen Effekt hätte und Sie auf Ihrem Weg zum Ziel wieder zurückwerfen würde.

Das Wichtigste ist nicht, wie viel Sie auf einmal schaffen, sondern dass Sie sich auf Ihr Ziel zubewegen.

Machen Sie einen Schritt nach dem anderen und freuen Sie sich über jeden Tag und Ihren erreichten Teilerfolg auf Ihrem Weg zu Ihrem Ziel.

Verlassen Sie Ihre Komfortzone und tun Sie etwas Neues!

Ohne dass es uns bewusst ist, neigen wir dazu, uns schnell Gewohnheiten und Muster anzueignen,

nach denen wir tagtäglich handeln und leben. Wir schlafen beispielsweise immer in der gleichen Stellung ein, haben immer das gleiche Morgenritual, wenn wir aufstehen, usw.

So manifestieren sich im Laufe der Zeit, die immer selben Verhaltensweisen und Gewohnheiten in unserem Leben und sie geben uns Sicherheit und bestimmen unser Leben, ohne das wir es bewusst merken.

Wenn Sie nun aber ein Ziel erreichen wollen, bedeutet das eine grundlegende Veränderung für Ihr Leben. Doch im Außen kann keine Veränderung stattfinden, wenn Sie nicht auch im Inneren vonstatten geht. Deswegen ist es hilfreich, die eigenen Gewohnheiten einmal genauer unter die Lupe zu nehmen und auch hier bewusste Veränderungen vorzunehmen.

Duschen Sie doch einfach einmal täglich kalt, statt warm, oder setzen sich zum Essen auf einen anderen Stuhl, stehen Sie mit dem anderen Fuß auf, Essen Sie mit der anderen Hand usw.

Eine kleine Veränderung in unseren Gewohnheiten bedeutet eine neue Perspektive und ermöglicht uns eine ganz neue Sichtweise und damit ein flexibleres Denken.

Wer sich immer nur in seinem altbekannten Rahmen bewegt und immer das Gleiche tut, kann sich schlichtweg nicht weiterentwickeln und tritt auf der Stelle. Ganz schnell kann es dann passieren, dass andere an Ihnen vorbeiziehen, während Sie immer noch da sind, wo Sie schon vorher waren.

Wenn Sie also etwas in Ihrem Leben verändern wollen, müssen Sie sich auch selbst verändern und können nicht erwarten, dass Sie mit denselben Verhaltensweisen, Denkmustern und Handlungen wie bisher zum Ziel kommen. Nur wenn Sie sich auf neue Erfahrungen einlassen, werden Sie neue Chancen entdecken und sind in der Lage Ihre Entwicklung voranzutreiben.

Doch auch hier sollten Sie nicht außer Acht lassen, dass Sie klein anfangen sollten, da auch zu viele Herausforderungen auf einmal, schnell zu einer Überforderung führen können, und es damit zu einer Lähmung, statt Entwicklung, kommt. Machen Sie lieber kleine Schritte und nehmen Sie sich eine Veränderung nach der anderen vor, anstatt alle auf einmal. Auf diese Weise erweitern Sie Ihren Horizont und werden immer flexibler und offener was Sie mehr und mehr dazu befähigt, dann auch große Veränderungen erfolgreich in die Tat umzusetzen.

Wenn" das Wörtchen „wenn"....

Allzu oft boykottieren wir unsere Zielerreichung selbst, indem wir Gründe finden, warum wir unser Ziel jetzt noch nicht erreichen können, nach dem Motto, wenn dies oder das nicht wäre, dann.... Oder zuerst muss ich das noch erreichen, bevor ich mich dem Ziel widmen kann, usw.

Wenn wir vor unsere Zielleerreichung ein „wenn" und „aber" setzen, werden wir mit hoher Wahrscheinlichkeit auf halber Strecke aufgeben und unser Ziel rückt in weite Ferne.

Zögern Sie nicht und lassen Sie Gedanken des Zweifels und der Widerstände vorbeiziehen. Fokussieren Sie sich auf Ihr Ziel und glauben Sie daran, dass Sie es auch wirklich erreichen können.

Verstecken Sie sich nicht länger hinter Ausreden, um nicht starten zu müssen, denn hinter Ihren Ausreden verbergen sich in Wahrheit Ihre Ängste zu scheitern und zu versagen, aber auch der innere Schweinehund. Stellen Sie sich Ihren Ängsten und schreiten Sie furchtlos voran.

Fallen Sie nicht länger auf die „Wenn- und Aber-Falle" herein, denn sonst werden Ihre Ziele und Wünsche nichts weiter als Träume bleiben.

Denn wenn Sie ehrlich zu sich selbst sind, sind die „Wenn´s" und „Aber´s" nichts weiter als feine Ausreden und Entschuldigungen dafür, nicht aktiv werden zu müssen und sich den eigenen Blockaden und Ängsten zu stellen.

Die beliebteste aller Ausreden ist die, keine Zeit zu haben. Doch wenn wir unser Zeitmanagement einmal genau unter die Lupe nehmen, stellen wir fest, dass wir oft sehr viel Zeit für ineffektive Tätigkeiten wie beispielsweise Fernsehen oder stundenlanges Surfen im Internet verbringen usw., dann ist die Begründung keine Zeit zu haben nicht mehr haltbar. Wenn man etwas wirklich will und einem etwas wahrhaft wichtig ist, dann findet man die Zeit dafür. Nur wenn uns etwas nicht tatsächlich wichtig ist, finden wir schnell viele fadenscheinige Begründungen dafür, warum man jetzt keine Zeit dafür hat.

Setzen Sie Prioritäten und investieren Sie in Ihre Zukunft, indem Sie Ihre Wünsche und Träume anpacken und verwirklichen.

„Ich würde ja gern, aber ich weiß nicht wie!"

Viele Menschen scheuen sich Ihre Ziele in die Tat umzusetzen, weil Sie nicht wissen, wie sie diese erreichen können und so bleibt es beim Träumen. Wenn wir etwas wollen, uns aber nicht im Klaren darüber sind, wie wir, was wir wollen, auch bekommen können, dann ist es nur ein Traum, aber kein klares Ziel. Denn genau das unterscheidet einen Traum von einem Ziel.

Wenn wir uns ein Ziel setzen, ist es unerlässlich unser Ziel klar zu definieren und uns eine konkrete Zielplanung, also eine Strategie zu überlegen, wie wir unser Ziel realisieren können.

Ein gutes Zielmanagement erfordert eine konkrete Formulierung und Definition unseres Ziels und benötigt übersichtliche Rahmenbedingungen ebenso, wie eine gut durch strukturierte Planung der Vorgehensweise. So entstehen bei einer gründlichen Zielplanung eines großen Zieles immer Zwischenschritte und Zwischenziele, die es auf dem Weg zum großen Ziel zu erreichen gilt.

Sofern Sie sich ernsthaft mit der Umsetzung Ihrer Ziele auseinandersetzen, finden Sie immer mehr Lösungen und Ideen, wie Sie das schaffen. Angenommen Sie haben einen Wunsch oder einen Traum den Sie gerne umsetzen wollen, dann machen Sie Ihren Traum zum Ziel, dann erübrigt sich schnell die Frage des „wie".

„Mir fehlen die nötigen Mittel!"

Oftmals scheitern unsere Vorhaben daran, dass wir nicht genug Geld zu haben scheinen, oder nicht die erforderlichen Kenntnisse und Fertigkeiten mitbringen, und so geben einige lieber gleich auf, weil es ja ohnehin aussichtslos erscheint. Zumindest glauben das viele, und probieren es gar nicht erst, und verharren weiterhin in Ihrer so vermeintlich ausweglosen Situation und resignieren.

Doch ist das wirklich so? Können Sie Ihre Ziele gleich wieder vergessen, wenn Sie nicht das nötige Geld oder die zwingend notwendigen Kenntnisse haben?

Nein! Denn wenn Ihnen im Augenblick noch die nötigen Mittel fehlen, um Ihr Ziel in die Tat umzusetzen, dann ist das änderbar, weil Sie einfach zunächst damit beginnen können, die erforderlichen Mittel zu beschaffen bzw. sich die fehlenden Kenntnisse aneignen können usw.

Wenn Sie wirklich ernsthaft ein Ziel erreichen wollen, dann finden Sie auch einen Weg, die relevanten Vorbedingungen dafür zu schaffen. Es gibt für alles eine Lösung und immer einen Weg. Also schmeißen Sie nicht allzu schnell die Flinte ins Korn und geben Sie nicht so schnell auf!

Suchen Sie nach Lösungen und Sie werden Sie finden!

Erfüllen Sie sich Ihre Träume und tun Sie, was Sie schon immer tun wollten!

Jeder hat ihn, viele träumen ihn, aber nur wenige setzen ihn um, ihren Traum.

Tun Sie, was Sie schon immer tun wollten, warten Sie nicht länger und setzen Sie in die Tat um, wovon Sie träumen, Ihre Lebenszeit ist kostbar. Verschwenden Sie keine Zeit mehr mit „wenn´s" und „aber´s" denn sonst laufen Sie Gefahr, irgendwann wie leider viele Menschen, am Ende Ihres Lebens zu stehen und zu bereuen es nicht wenigstens versucht zu haben!

Viele Menschen träumen gerne und sagen dann: „Irgendwann werde ich eine Weltreise machen", oder "Eines Tages werde ich einen Porsche besitzen", usw.

Das ist ja auch sehr schön, nur steht „eines Tages" und „irgendwann", in keinem Kalender, doch unsere Lebenszeit ist begrenzt und kann schnell vorbei sein.

Leben Sie Ihre Träume und vergeuden Sie nicht Ihre kostbare Energie und Lebenszeit für Dinge, die Sie gar nicht glücklich machen. Nehmen Sie Ihr Leben jetzt in die Hand und machen Sie sich selbst glücklich.

Nutzen Sie Ihre so wertvolle Lebenszeit und begeben Sie sich auf Ihre eigene Lebensreise, hin zu Ihrem ganz persönlichen Glück und Erfolg.

Denken Sie nicht darüber nach, was Andere über Ihr Ziel denken könnten!

Verfolgen Sie Ihr Ziel ohne ständig darüber nachzudenken, was Andere darüber denken könnten. Richten Sie Ihre Ziele nach Ihren eigenen Wünschen und Träumen aus. Sie können es nie allen recht machen und sollten sich davon auch nicht beirren lassen. Es wird immer Unterstützer und Kritiker einer Idee geben.

Unterhalten Sie sich über Ihr Ziel wenn überhaupt, nur mit Menschen, die Ihre Idee auch unterstützen und gut finden, aber machen Sie sich auf keinen Fall von der Meinung anderer abhängig. Bleiben Sie sich selbst und Ihrem Ziel treu!

Sicherlich ist es gut sich auch für die Anschauung anderer zu interessieren, denn das bedeutet, dass Sie aufgeschlossen, kritikfähig und lernbereit sind.

Wenn Sie aber mit Ängsten davor kämpfen, dass Ihre Mitmenschen negativ über Sie und Ihr Ziel denken könnten, so ist das ein klares Signal dafür, dass Sie Ihren Selbstwert ausschließlich über Ihren Erfolg definieren und sich von der Meinung anderer abhängig machen.

Gesetzt dem Fall, dass dies bei Ihnen so ist, dann sollten Sie sich noch mal gesondert mit Ihrem Selbstwert auseinandersetzen, der nicht von Ihrem Erfolg abhängen sollte. Denn Sie sind wertvoll, ganz egal was Sie tun oder was Sie in Ihrem Leben erreichen oder nicht.

Erfolgskiller negatives Selbstbild

Wenn Sie ein negatives Bild von sich selbst haben und sich selbst nichts zutrauen, ist es nicht verwunderlich, wenn es mit dem Erfolg in Ihrem Leben nicht klappt.

Deswegen ist es ratsam, genauestens zu untersuchen, was Sie über sich selbst denken und wie es um Ihr Selbstbild steht. Unser Selbstbild entwickeln wir in unseren ersten Lebensjahren und werden von unseren Erfahrungen und unseren Eltern, Verwandten, Lehrern usw. geprägt.

Da wir als Kind noch nicht in der Lage sind unser Selbstbild selbst zu entwickeln, verinnerlichen wir das, was wir erleben und was andere uns über uns sagen. Unser Selbstbild entspricht also dem Bild anderer und dem, was andere uns spiegeln.

Wenn unser Leben von Niederlagen, negativen Erfahrungen und unliebsamen Äußerungen geprägt war, ist es nicht verwunderlich, wenn Sie als Erwachsener ein geringes Selbstwertgefühl und ein negatives Bild von sich selbst haben.

Menschen, die hingegen schon als Kind oft die Erfahrung machen, dass sie erfolgreich sind, besitzen ein starkes Selbstbewusstsein und sind automatisch auch im Erwachsenenalter erfolgreich, weil sie überzeugt davon sind, dass sie ihre Ziele auch erreichen können. Erfolge verzeichnen zu können, ist grundlegend entscheidend für die eigene Selbstachtung. Wer sich minderwertig oder gar wertlos fühlt, kann nicht erfolgreich sein.

Deswegen ist es sehr wichtig, das eigene Selbstbild genau zu analysieren. Machen Sie sich bewusst, dass Sie Ihr Selbstbild seit Kindertagen übernommen haben und seither mit sich herumtragen, ohne es überprüft zu haben. Solange wir uns als Versager fühlen, können wir nur verlieren.

Die gute Nachricht ist aber, genauso wie wir gelernt haben schlecht über uns zu denken, können wir auch lernen gut über uns zu denken und unser Selbstbild verändern.

Gehen Sie in sich und hören Sie genau hin, was Sie häufig über sich selbst denken oder auch sagen, so kommen Sie schnell Ihren Glaubenssätzen auf die Schliche und können genau dort ansetzen, und zuerst Ihr Selbstbild und dann Ihr ganzes Leben umwandeln.

Visualisieren Sie, wie Sie gerne sein würden, malen Sie es sich in den buntesten Farben aus und stellen Sie sich vor wie Sie sich gerne verhalten und was Sie gerne tun würden.

Wenn Sie sich häufig ein positives Selbstbild von sich selbst ausmalen, wird Ihr Unterbewusstsein sich dahin gehend ausrichten und Sie werden sich immer mehr in einem positiven Licht sehen.

Außerdem sollten Sie dafür sorgen, dass Sie erste kleine Erfolge feiern können, indem Sie sich kleine Ziele setzen von denen Sie glauben, dass Sie auch in der Lage sind, diese zu erreichen.

Desto häufiger Sie die Erfahrung machen, dass Sie Ihre Ziele auch wirklich erreichen, umso mehr wächst Ihr Selbstbewusstsein und Ihr Glaube an sich selbst.

Fangen Sie klein an und schon bald werden auch große Ziele in erreichbare Nähe rücken.

Ein weiterer wichtiger Punkt, den es unbedingt zu berücksichtigen gilt, ist in jedem Fall, machen Sie sich nicht abhängig von Ihrem Erfolg. Ihr Erfolg sagt nichts über Ihre Wertigkeit als Mensch aus. Sie sind nicht wertvoller als andere, wenn Sie viel Geld besitzen oder auf dem Siegertreppchen bei Olympia stehen. Halten Sie sich immer vor Augen, dass Sie wertvoll und liebenswert sind, egal wie erfolgreich Sie sind. Ihre Motivation ein Ziel zu erreichen sollte also nicht darin bestehen, Ihren Selbstwert aufzupolieren, denn dann laufen Sie Gefahr, im Falle eines Misserfolges, demoralisiert und demotiviert aufzugeben, und noch weniger von Ihnen selbst zu halten.

Überprüfen Sie was Sie glauben!

Prüfen Sie Ihre Glaubenssätze! Allzu oft hindern uns unsere eigenen Überzeugungen und Glaubenssätze daran, unsere Ziele zu erreichen. Wenn wir aber einmal genau hinhören, was wir über uns selbst denken und was wir über Erfolg, Geld usw. denken, stellen wir überrascht fest, das wir mit Überzeugungen durchs Leben gehen, die oft genug nicht einmal unsere eigenen sind, sondern die wir von unseren Eltern, Freunden, Bekannten usw. schon als Kind verinnerlicht und übernommen haben, weil wir als Kind ja glauben, dass die Großen alles schon viel besser wissen.

Wenn wir aber beispielsweise davon überzeugt sind, dass Geld den Charakter verdirbt oder dass man sich Erfolg hart verdienen muss, ... sind das Glaubenssätze mit fatalen Folgen.

Denn wenn Sie das glauben, werden Sie es schwer haben erfolgreich zu sein, und werden immer wieder auf halber Strecke aufgeben oder gar scheitern.

Deswegen achten Sie bewusst darauf was Sie über sich selbst und das Thema Erfolg denken und korrigieren Sie alte, längst überholte Überzeugungen und machen sich frei.

Entscheidend ist, was Sie glauben! Nur wenn Sie auch daran glauben, dass Sie Ihr Ziel auch wirklich erreichen können, werden Sie es auch erreichen. Wenn Sie aber mit inneren Zweifeln zu kämpfen haben, oder Angst haben, Ihrem Ziel gar nicht gewachsen zu sein, ist es unmöglich, Ihre Träume und Ziele zu verwirklichen. In diesem Fall sollten Sie zuerst einmal an Ihrem Selbstvertrauen arbeiten und Ihre Glaubenssätze unter die Lupe nehmen, denn nicht alles was wir glauben, ist auch wirklich wahr!

Glaubenssätze sind allenfalls eine subjektive Wahrheit und müssen nicht der objektiven Wahrheit oder Ihrer eigenen Wahrheit entsprechen.

Wenn Sie sich ein Ziel stecken, aber nicht daran glauben, dass Sie es wirklich erreichen können, werden Sie es auch nicht erreichen. Wenn Sie also ein Ziel erreichen wollen, ist es entscheidend für das Gelingen, dass Sie absolut davon überzeugt sind, dass Sie dieses Ziel auch erreichen können. Nur wenn Sie im tiefsten Inneren überzeugt davon sind, wird es auch gelingen.

Achten Sie genau auf Ihre Überzeugungen und Emotionen, während Sie sich mit Ihren Zielen auseinandersetzen. So können Sie schnell herausfinden, welche Glaubenssätze Ihnen vielleicht blockierend bei der Erreichung Ihrer Ziele im Weg stehen.Wenn Sie beispielsweise mehr Geld haben wollen, aber im tiefsten inneren Geld mit Schuldgefühlen verbunden ist oder Sie sich selbst für nicht wertvoll halten, werden Sie Ihr Ziel unmöglich erreichen können.

Nutzen Sie auch hier wieder die hilfreiche Methode des Bewusstmachens anhand eines Brainstormings, indem Sie aufschreiben was Sie über sich selbst und Ihre Ziele, sowie das Thema Erfolg glauben. Kommen Sie Ihren Glaubenssätzen auf die Schliche und prüfen Sie genau, ob Sie Ihnen dienen oder Sie entmutigen und schwächen. Wenn Sie einen negativen Glaubenssatz ausgemacht haben, machen Sie sich bewusst, dass er auf einer subjektiven Sichtweise basiert und nicht wahr sein muss.

Versuchen Sie herauszufinden, wann und in welcher Situation Sie diesen Glaubenssatz entwickelt haben und warum. An dieser Stelle ist es sehr folgenreich, wenn Sie sich Ihren Emotionen stellen und diese zulassen. Vielleicht kommen alte verdrängte Situationen mit anderen Menschen hoch und damit auch die damit verbundenen Emotionen wie Schmerz, Wut, Leid usw.

Lassen Sie Ihre Gefühle zu und schreiben Sie diese ebenfalls auf. Besonders dann, wenn ein negativer Glaubenssatz durch eine nahestehende Person und deren Verhalten oder Aussagen ausgelöst wurde, haben wir oft mit Wut und Hassgefühlen zu kämpfen, weil uns bewusst wird, dass wir der Aussage einer uns nahe stehenden Person geglaubt haben und daraus beispielsweise schlussgefolgert haben, dass wir nicht wertvoll oder z. B. ein Versager sind.

Verzeihen Sie dieser Person bewusst und machen Sie sich klar, dass wir alle nur Menschen sind und jeder von uns Fehler macht und wir es manchmal einfach nicht besser wissen oder können.

Genauso wie es uns zusteht Fehler zu machen und nicht perfekt zu sein, steht es auch anderen zu. Visualisieren Sie die belastende Situation und verzeihen der beteiligten

Person so gut Sie können. Damit beenden Sie die Wirksamkeit des alten Glaubenssatzes und befreien sich.

Überlegen Sie sich Gründe, warum dieser Glaubenssatz nicht stimmt und schreiben Sie hinter Ihren Glaubenssatz mindestens 3 Gründe, warum er nicht haltbar ist.

Spielen Sie ein wenig mit Ihrem Glaubenssatz und formulieren Sie ihn als Nächstes einmal vorteilhaft um.

Wie müsste Ihr Glaubenssatz lauten, damit er Sie stärkt und Ihnen dient?

Wenn Sie die richtige Formulierung gefunden haben, schreiben Sie Ihren neuen Glaubenssatz wiederum auf und versuchen Sie von nun an, nach Ihrem neuen Glaubenssatz zu leben.

Viele Menschen sind erstaunt, wie elementar unsere Glaubenssätze und unser Denken über uns selbst und unsere Einstellung zum Thema Erfolg, Geld und Reichtum, uns beeinflusst.

Lassen Sie sich nicht länger von unwahren Denkmustern ausbremsen und machen Sie sich frei. Schreiben Sie Ihr Leben neu und gestalten Sie Ihre Zukunft bewusst so, wie Sie es wollen. Dann sind Sie nicht aufzuhalten auf dem Weg zu Ihrem persönlichen Erfolg.

Stellen Sie sich Ihren Ängsten!

Wenn Sie bei der Auseinandersetzung mit Ihrem Ziel merken, dass Ängste und Zweifel in Ihnen aufsteigen, ist es auf jeden Fall grundlegend wichtig, sich zunächst seinen eigenen Ängsten und Zweifeln zu stellen und sie nicht einfach wegzudrängen, denn sonst wirken Sie im Unterbewusstsein weiter und blockieren Ihren Erfolg.

Stellen Sie sich couragiert Ihren Ängsten und überprüfen Sie sie genau. In der Regel stecken hinter unseren Ängsten alte Glaubenssätze und Überzeugungen aus der Vergangenheit, die uns beeinflussen und daran hindern, unsere Ziele zu erreichen.

Sollten Sie beispielsweise Angst davor haben Ihrem Ziel gar nicht gewachsen zu sein, so ist es ratsam, zunächst einmal an Ihrem Selbstbewusstsein zu arbeiten.

Nur wenn Sie absolut davon überzeugt sind, dass Sie Ihr Ziel auch wirklich erreichen können, werden Sie es auch erreichen.Haben Sie keine Angst davor auch mal einen Fehler zu machen oder davor kritisiert zu werden. Niemand ist perfekt und Fehler zu machen ist völlig normal.

Durch unsere Fehler lernen wir und machen wertvolle Erfahrungen, die uns dabei helfen zu reifen und zu wachsen.

Außerdem machen uns unsere eigenen Fehler menschlicher, sympathischer und sensibler sowie demütiger für die Fehler anderer und wir können auch anderen empathischer begegnen, weil auch andere nicht perfekt sind. Wir können aus unseren Erfahrungen eine Lehre ziehen und andere daran teilhaben lassen, indem wir wertvolle Ratschläge und Tipps geben können und so anderen dabei helfen, nicht die gleichen Fehler zu machen wie wir.

Sie sollten Ihre „Misserfolge" als „Erfolge" begreifen!

Das klingt komisch für Sie? Sie fragen sich vielleicht wie kann man einen Misserfolg als Erfolg sehen? Ganz einfach. Jeder Misserfolg und jede Niederlage auf dem Weg zu Ihrem Ziel ist nicht weniger als ein Hinweis dafür, wie es nicht funktioniert. Auch wenn Sie einen vermeintlichen Misserfolg erzielt haben, so ist es also letztlich ein Erfolg, weil Sie an Erfahrung gewonnen haben und Ihr Wissen vertieft haben.

So können Sie neuen Mutes eine andere Strategie anwenden und lernen dabei immer mehr dazu. Bewerten Sie Ihre Misserfolge also nicht als Niederlage oder gar Scheitern, sondern verändern Sie Ihre Perspektive und Ihre Bewertung und begreifen Sie Ihre Misserfolge als Erfolge in Ihrem Entwicklungsprozess auf dem Weg zu Ihrem Erfolg!

Halten Sie sich nicht in der Vergangenheit auf!

Wenn Sie etwas Neues erschaffen und Ihre Träume verwirklichen wollen, sollten Sie nicht an der Vergangenheit haften und sich damit selbst im Weg stehen. Schreiten Sie mutig voran und machen sich frei von alten Erfahrungen, damit Sie sich neu und frei auf Neues einlassen können!

Im „Hier und Jetzt" leben, das haben wir alle schon mal gehört, doch leider ist es für viele gar nicht so einfach dies auch umzusetzen, da es uns oft gar nicht bewusst ist, dass wir uns grade in der Vergangenheit aufhalten und uns selbst mit Schuldgefühlen oder Schuldzuweisungen plagen. Machen Sie Schluss damit und stellen Sie sich Ihrer Vergangenheit, um diese ein für alle Mal loszulassen, denn sonst verschwenden Sie kostbare Lebensenergie und Lebenszeit für Dinge, die längst nicht mehr real, eben Vergangenheit sind, und halten diese durch Ihre Grübeleien aufrecht und lebendig.

Wollen Sie wirklich weiterhin in der Vergangenheit leben und Ihr gegenwärtiges Leben ungenutzt vorbeiziehen lassen?

Kommen Sie in der Gegenwart an und üben Sie sich darin, mit Ihrer ganzen Aufmerksamkeit in den jetzigen Moment zu kommen und bewusst wahrzunehmen was jetzt gerade passiert oder wie Sie sich fühlen. Öffnen Sie sich für Ihr Glück, das nur darauf wartet, gelebt zu werden. Gewähren Sie all den vielen schönen und wertvollen Momenten Einlass in Ihre Gegenwart und heißen Sie das Leben jeden Tag willkommen. Lassen Sie sich überraschen, was Ihr Leben an kostbaren Glücksmomenten und Erfahrungen für Sie, genau jetzt, bereithält.

Stärken Sie Ihr Selbstbewusstsein!

Wenn Sie sich Ihrem eigentlichen Ziel nicht gewachsen fühlen, ist es hilfreich, wenn Sie Ihr Selbstbewusstsein steigern, indem Sie sich zunächst kleinere Ziele setzen, von denen Sie überzeugt sind, dass Sie sie erreichen können. Mit jedem Erfolgserlebnis wächst Ihr Selbstbewusstsein und so können Sie sich bald an größere Ziele wagen.

Machen Sie regelmäßig Sport und halten Sie sich fit, dann fühlen Sie sich sofort selbstsicherer, attraktiver und ausgeglichener.

Versuchen Sie außerdem, so oft sie nur können, zu Lachen. Lachen ist bekanntlich gesund und entkrampft angespannte Situationen.

Wenn Sie lachen wirken Sie auf andere gleich viel anziehender und sympathischer und bekommen häufiger ein positives Feedback. Menschen neigen dazu, sich gerne mit positiven Menschen zu umgeben.

Besinnen Sie sich auf Ihre Stärken und auch darauf, was Sie in Ihrem bisherigen Leben schon alles erfolgreich gemeistert haben. Seien Sie stolz auf sich selbst und rufen Sie sich immer wieder ins Gedächtnis, für was Sie in Ihrem Leben dankbar sind.

Am wirkungsvollsten ist es, wenn Sie sich einmal mindestens 10 Minuten Zeit nehmen und alles bewusst aufschreiben, wofür Sie dankbar sind und was Sie glücklich gemacht hat oder immer noch macht. Sie werden erstaunt sein, wie vieles in Ihrem Leben doch schon richtig gelaufen ist und wie glücklich Sie sich eigentlich schätzen können.

Wenn Sie dankbar für Ihr Leben und Ihre Erfahrungen sind, fühlen Sie sich reich und erfüllt, und werden ebenfalls erfüllende Erfahrungen anziehen.

Emotionen sind Wegweiser

Egal was Sie erreichen wollen, Sie können alles erreichen, wenn Sie das, was Sie wollen, wirklich Begehren und die damit verbundenen Tätigkeiten, Ihnen Befriedigung und Vergnügen bereiten. Wenn Sie das, was Sie tun, gerne und mit Freude tun, können Sie nur erfolgreich sein!

Nutzen Sie Ihre positiven Emotionen als Wegweiser und orientieren Sie sich daran, was Ihnen Freude bereitet.

Richten Sie Ihre Ziele nach Ihren erfreulichen Emotionen aus, dann haben Sie die besten Karten erfolgreich zu sein. Wenn Sie ein komisches Bauchgefühl haben oder Sie mit unangenehmen Gefühlen auf ein Ziel reagieren, so ignorieren Sie auf keinen Fall Ihr eigenes Warnsystem, welches Sie vor Schaden und Niederlagen bewahren will.

Gehen Sie Ihren Ängsten auf den Grund und stellen Sie sich ihnen, aber lassen Sie auch lieber die Finger weg von Zielen und Handlungen, die negative Gefühle in Ihnen auslösen.

Konzentrieren Sie sich auf Ihre positiven Emotionen und richten Sie Ihre Zielsetzung und Ihr Leben danach aus, Ihnen selbst Glück und Freude zu bereiten.

Tun Sie nur, was sich gut für Sie anfühlt und wovon Sie überzeugt sind. Hören Sie auf Ihre innere Stimme und lassen Sie sich von Ihr leiten. Aber seien Sie auch wach und erkennen Sie negative Emotionen als wertvolle Warnungen an, die Sie schützen wollen.

Gehen Sie Ihren negativen Emotionen keinesfalls aus dem Weg, sondern lassen Sie diese zu und schauen Sie sich genau an, was sich hinter Ihren negativen Emotionen verbirgt. So können Sie sehr viel über sich selbst lernen und Blockaden die meistens durch Ängste ausgelöst werden, auflösen.

Achten Sie darauf, dass Sie eine gute Verbindung zu Ihren Emotionen haben und Sie Ihre Gefühle auch Ernst nehmen, dann steht Ihrem Erfolg nichts mehr im Weg, denn wir stehen uns im Falle eines Misserfolges mit unseren Emotionen und den dahinter verborgenen Gedanken über uns, selbst im Weg.

Machen Sie sich Ihre Lebenszeit bewusst!

Einen Großteil unserer Lebenszeit verbringen wir mit unserer Arbeit. Wenn sie uns aber keine Freude bereitet, bedeutet das, dass wir einen erheblichen Teil unseres Lebens mit etwas verbringen, was wir im Grunde gar nicht möchten. Auf Dauer kann das nur zu negativen Emotionen bis hin zu Krankheiten führen und wird Sie sicher nicht glücklich, geschweige denn erfolgreich machen.

Nur wenn Sie in Ihrer Arbeit aufgehen und es Ihnen Freude bereitet und Sie ausfüllt was Sie tun, werden Sie auch erfolgreich sein. Sollten Sie also nicht glücklich mit Ihrer Arbeit sein, wäre es vielleicht sinnvoll über einen Berufswechsel nachzudenken.

Ebenso ist es mit Ihren Beziehungen. Machen Sie sich bewusst, wie viel Ihrer kostbaren Lebenszeit Sie vielleicht mit Menschen oder Tätigkeiten verbringen, die Sie nicht glücklich, vielleicht sogar unglücklich machen.

Fühlen Sie sich wohl in Ihrer Wohnung? Ist Ihre Wohnung ein Ort der Ruhe, Erholung und Harmonie für Sie? Wenn nicht, dann sollten Sie vielleicht über eine räumliche Veränderung nachdenken.

Sind Sie gesund und fit und fühlen sich wohl in Ihrem Körper? Wenn nicht sollten Sie schleunigst etwas Tun!

Wenn Sie rundum glücklich sein wollen, sollten Sie Ihre gesamte Lebenssituation genauer unter die Lupe nehmen und alle Veränderungen vornehmen, die zum Erreichen Ihrer Ziele und der Erfüllung Ihrer Träume, notwendig sind.

Wenn Sie erfolgreich sein wollen, egal in welchem Bereich, sollten Sie so viel Zeit wie möglich in Ihren Erfolg und in Ihr Glück investieren. Sie sollten sich, so viel Zeit wie möglich, mit Dingen beschäftigen, die Sie glücklich machen und mit denen Sie sich wohlfühlen.

Folglich ist es unerlässlich für die Erreichung Ihrer Ziele, dass Sie sich Ihre Lebenszeit bewusst machen und entscheiden, wie Ihr Leben aussehen soll.

Ist Ihnen schon aufgefallen, dass erfolgreiche Menschen in der Regel auch zufriedener und glücklicher sind und bei Einigen irgendwie alles glatt zu laufen scheint? Irgendwie scheint die Fähigkeit erfolgreich zu sein auch auf andere Lebensbereiche zu generalisieren.

Doch um Ihr Leben auf Erfolg zu polen, ist es unabdingbar, dass Sie sich Ihr aktuelles Leben und Ihre Lebensumstände bewusst machen und Veränderungen dort vornehmen, wo Sie nicht glücklich und zufrieden sind.

Finden Sie heraus, was „Sie" wirklich wollen!

Wer seine Träume verwirklichen will, muss sich zweifellos klare und deutliche Ziele setzen.

Egal ob beruflich oder privat, damit Sie erfolgreich sind und bleiben, benötigen Sie eine klare Zielsetzung.

Haben Sie sich bereits überlegt, was Sie wollen und welche bestimmenden Ziele Sie sich selbst setzen? Falls nicht, so ist die bewusste Auseinandersetzung mit Ihren selbst festgelegten und wichtigsten Prioritäten und Zielsetzungen der erste bedeutende Schritt auf Ihrem Weg zu Ihrer Zielrealisierung, denn nur wer weiß was er will, wird es auch erreichen!

Wenn Sie sich also noch gar nicht darüber im Klaren sind, was Sie eigentlich wollen, so finden Sie hier bereits den ersten grundlegenden Faktor, der Sie bisher davon abgehalten hatte erfolgreich zu sein.

Deswegen zögern Sie nicht länger und machen Sie sich die Mühe sich einmal ganz intensiv mit Ihren Träumen und Wünschen und den daraus resultierenden Zielen auseinanderzusetzen und sich bewusst zu machen, wo Sie stehen und wo Sie hin wollen.

Wenn Sie sich exakte Ziele setzen, fokussieren Sie Ihre Konzentration auf das Wesentliche und laufen nicht Gefahr sich in einem unüberschaubaren emotionalen Chaos zu verlieren.

Weiterhin verstärkt eine deutliche Zielsetzung Ihre Durchhaltefähigkeit und erhöht Ihre Motivation, die Sie zu Höchstleistungen beflügelt.

Doch wie findet man am Besten heraus, was man wirklich will und welche Pläne Sie in Ihrem Leben weiterbringen und Ihnen dabei helfen glücklich und zufrieden zu sein?

Ganz besonders wichtig hierbei ist zu berücksichtigen, dass Sie auch wirklich „Ihre" eigenen Ziele verfolgen und verwirklichen und nicht die Ziele anderer anstreben, die diese von Ihnen erwarten, denn nur dann werden Sie auch die nötige Ausdauer und Motivation mitbringen, die so grundlegend entscheidend bei der Umsetzung Ihrer Ziele ist.

Also ist es zunächst einmal ratsam, sich mit seinen grundlegenden Wünschen und Träumen auseinanderzusetzen, um seine Ziele klar formulieren zu können.

Was hat Ihnen schon immer Freude bereitet? Wo liegen Ihre Stärken und Talente und welche Fertigkeiten und Fähigkeiten bringen Sie mit? Wovon träumen Sie schon seit Jahren? Was fehlt Ihnen, um rundum glücklich zu sein? Wie würden Sie gerne sein? Wie stellen Sie sich Ihr Leben in der Zukunft vor? Was wäre, wenn Sie alles erreichen könnten, was auch immer Sie gerne haben oder sein möchten?

Ein geeignetes Mittel um sich seiner Wünsche und Ziele bewusst zu werden ist die Methode des Brainstormings. Das bedeutet, dass Sie alles aufschreiben, was Ihnen zum Thema Erfolg einfällt und Sie werden erstaunt sein wie viele Ideen Sie haben wenn Sie es fließen lassen und einfach mal ungehemmt drauf los schreiben. Träumen Sie ruhig bedenkenlos, frei und grenzenlos und lassen Sie Ihren Vorstellungen freien Lauf. Es ist dabei völlig unwichtig, ob Ihre Wünsche aktuell realistisch sind, wichtig ist nur, dass es auch wirklich Ihre Wünsche sind.

Überschreiten Sie Grenzen und lassen Sie sich überraschen, was für unerfüllte Sehnsüchte in Ihnen stecken. Hören Sie erst damit auf, wenn Ihnen wirklich nichts mehr dazu einfällt, widmen Sie Ihrem Brainstorming aber mindestens 10 Minuten Zeit. Nun haben Sie ein Fundament Ihrer eigenen Wünsche und Sehnsüchte und können damit beginnen darauf aufzubauen und das ganze zu strukturieren und zu ordnen.

Setzen Sie Prioritäten!

Nachdem Sie mit Ihrem Brainstorming, schon einen großen Schritt, hin zu Ihren tiefsten Herzenswünschen und Sehnsüchten gemacht haben, ist es an der Zeit, Ihr Ergebnis genauer zu betrachten. Manchmal verwechseln wir Wünsche mit Emotionen, die sich dahinter eigentlich wirklich verbergen. So kann es sein, dass Sie sich wünschen viel Geld zu besitzen, in Wahrheit wünschen Sie sich vielleicht aber, uneingeschränkte Entwicklungschancen zu haben.

Oder aber Sie wünschen sich erfolgreich in Ihrem Beruf zu sein, obwohl Sie diesen gar nicht gerne machen und wünschen sich im Grunde vielmehr anerkannt und respektiert zu werden.

Deswegen ist es ratsam Ihre vermeintlichen Wünsche genau unter die Lupe zu nehmen und sich bewusst zu machen, was Sie wirklich wollen, bzw. was sich hinter Ihren Wünschen und Zielen wirklich verbirgt und was Sie für Ihre Ziele ernsthaft motiviert.

Was macht Ihr Ziel für Sie begehrenswert?

Sobald Sie sich Klarheit über Ihre Wünsche verschafft haben, sollten Sie Prioritäten setzen.

Welche Ihrer Wünsche sind für Sie am Wichtigsten? Reduzieren Sie Ihre Wünsche auf die 5, die Sie am allermeisten erreichen wollen und welche in Ihrem Leben aktuell die bedeutendste Rolle spielen. Schreiben

Sie Ihre Wünsche in der für Sie passenden Reihenfolge auf, beginnen Sie mit dem für Sie wichtigsten Ziel u.s.w.

Wenn Sie Ihre Zielsetzung schriftlich vornehmen, bringt dies einige Vorteile mit sich.

Die Fokussierung auf Ihre Ziele erhöht sich um ein Vielfaches, da die bewusste schriftliche Auseinandersetzung viel tief greifender ist als eine bloße geistige Beschäftigung mit einem Thema.

Überdies führt eine schriftliche Befassung erfahrungsgemäß zu klareren und deutlicheren Formulierungen, was eine konkrete Zielsetzung wesentlich vereinfacht.

Außerdem haben Sie Ihre Ziele so schwarz auf weiß vor sich und können jederzeit nachlesen was Sie sich vorgenommen haben und laufen nicht Gefahr, dass Ihnen Ihre Zielvorstellungen möglicherweise entfallen wie das häufig bei Gedanken und Geistesblitzen der Fall ist.

Abgesehen davon ist es für die erfolgreiche Zielerreichung ausgesprochen substanziell, sich täglich mit den gesetzten Zielen auseinanderzusetzen. Wenn Sie Ihre Ziele schriftlich festhalten, können Sie diese einfach an einen Platz hängen, an dem Sie sich oft aufhalten und Ihre Liste so häufig sehen und lesen können. Diese Vorgehensweise hilft Ihnen dabei auf der Zielgeraden zu bleiben und hat daneben auch noch die Wirkung, dass Ihre Ziele immer tiefer in Ihr Unterbewusstsein gelangen.

Weiterhin hat eine schriftliche Zielplanung den gleichen Effekt wie ein Vertrag, welchen Sie mit sich persönlich geschlossen haben, und spornt Sie so an, Ihre eigens gesetzten Ziele auch umzusetzen.

Schreiben Sie Ihre Ideen und Geistesblitze sofort auf!

Meist ereilen uns die besten Ideen und Geistesblitze in den unmöglichsten Situationen wie im Zug, auf der Toilette oder gar unter der Dusche. Doch leider vergessen wir unsere wertvollen Ideen schnell wieder, oder können uns nur noch teilweise an die brillante Eingebung erinnern, die wir hatten, weil wir in unserem Alltag einer Flut von Informationen und äußeren Reizen ausgesetzt sind. Doch das ist äußerst schade, weil unsere Ideen meist sehr inspirierend und wertvoll sind.

Deswegen sollten Sie Ihre Ideen und Gedanken umgehend aufschreiben und keine Zeit verlieren. Damit Sie für solche Situationen optimal gewappnet sind, tragen Sie ein Ideennotizbuch immer bei sich oder nutzen Ihr Smartphone um eine Memo zu verfassen.

Wenn Sie Ihre Notiz von Hand schreiben, dann schreiben Sie sauber und leserlich, damit Sie auch zu einem späteren Zeitpunkt noch nachlesen können, um was es ging. Außerdem ist es sinnvoll um oder unter Ihrem Eintrag genug Platz zu lassen, um zu einem anderen Zeitpunkt etwas nachtragen oder dazuschreiben zu können. Da es vielen Menschen schwerfällt Ihre Notizzettel wiederzufinden und Ordnung in Ihre Zettelwirtschaft zu bringen, eignet sich ein Notizbuch am besten.

So haben Sie alle Ideen und Notizen in einem Buch und können keinen Zettel verlieren. Sie sollten Ihr Notizbuch oder Ideenbuch als kostbare Schatztruhe wertvoller Ideen und Inspirationen verstehen, es gerne auch persönlich schmücken oder bemalen, sodass es Ihnen auch optisch gut gefällt, aber auf jeden Fall, sollten Sie Ihr Ideenbuch immer bei sich tragen, auch wenn Sie einen Spaziergang machen. Selbst nachts, da sollten Sie Ihr Ideenbuch auf Ihrem Nachttischchen platzieren, denn meistens kommen uns die besten Geistesblitze in Phasen der Ruhe und Entspannung.

Die mystische Wirkung der Wunschenergie

Sobald Sie sich mit Ihren Wünschen auseinandersetzen, entfalten sie eine mystische Anziehungskraft und wirken auf Ihr Unterbewusstsein. Die Emotionen, die die Auseinandersetzung mit Ihren Zielen auslösen, wie Begeisterung, Leidenschaft, Freude usw. sind der Antrieb, der es uns ermöglicht, unsere Motivation auf dem Weg zur Zielerreichung aufrecht zu halten und unsere Ziele zu erreichen.

Deswegen ist es so immens wichtig, dass Sie sich auch Ziele setzen, die Sie wirklich erreichen wollen. Nur dann können Sie Ihre Träume und Ziele auch verwirklichen. Besonders hilfreich ist es, seine Ziele intensiv zu visualisieren und sich bunt und so detailliert wie möglich, auszumalen.

Was sehen Sie? Wie fühlt es sich an? Welche Farben und Gerüche nehmen Sie wahr?

Desto häufiger Sie sich mit Ihrem Ziel auseinandersetzen und dieses Visualisieren, umso tiefer verankert sich Ihr Ziel in Ihrem Unterbewusstsein und richtet dieses auf die Verwirklichung Ihres Ziels aus. Somit steigern Sie außerdem Ihren Glauben daran, dass Sie es schaffen können und spüren schon bald, wie Ihr Selbstbewusstsein und Ihre Motivation steigt.

Mit dem klaren setzen eines Zieles, übernehmen Sie die Verantwortung für Ihr Leben und werden zum autonomen Gestalter Ihrer Zukunft. Wer seine Entscheidungen bewusst selbst trifft und nicht länger sein Leben von anderen bestimmen lässt, zieht Kreativität und Lösungsstrategien ganz wie von selbst an.

Wer sein Leben selbst gestaltet und die Verantwortung dafür übernimmt, macht sich frei und öffnet sich selbst den Weg, in eine selbstbestimmte Zukunft. Nutzen Sie die Kraft Ihres Unterbewusstseins und bestimmen Sie von nun an selbst, wie Ihr Leben weiterhin verlaufen wird. Stellen Sie sich ganz detailliert vor, wie die Erreichung Ihres Ziels aussieht. Desto detaillierter und deutlicher Sie Ihr Ziel visualisieren, umso größer ist die Wunschenergie, welche sich entfalten kann. Schmücken Sie in Ihrer Vorstellung die ganze Situation aus.

Wie fühlen Sie sich, wenn Sie Ihr Ziel erreicht haben? Was sehen Sie? Was nehmen Sie wahr? Was empfinden Sie? Welche Farben und Formen sehen Sie und was hören oder riechen Sie dabei?

Stellen Sie sich Ihr Ziel so deutlich, lebendig und bunt vor, wie sie nur können und tun Sie das so oft und lange wie Sie können, denn desto häufiger und intensiver Sie sich mit Ihren Wünschen als „bereits erfüllt" vorstellen, und sich in dieser Vorstellung aufhalten, umso mehr senden Sie das aus, was Sie haben wollen und das Resonanzgesetz kann wirken und Ihnen Ihren Wunsch erfüllen.

Bewegen Sie sich auf Ihr Ziel zu!

Formulieren Sie Ihre Ziele so, dass Sie sich auf Ihr Ziel zubewegen und nicht so, dass Ihr Ziel darin besteht, von etwas weg zu kommen. Wenn Sie sich bewusst auf Ihr Ziel zubewegen, haben Sie gute Chancen Ihr Ziel auch zu erreichen. Wenn Sie sich aber auf den Mangel konzentrieren, also auf das, was Sie „nicht" wollen, werden Sie genau das Gegenteil damit bezwecken und den Mangel und somit den Misserfolg anziehen.

Artikulieren Sie Ihre Ziele positiv und unterlassen Sie bewusst Verneinungen, denn Ihr Unterbewusstes reagiert nicht auf Verneinungen. Wenn Sie also beispielsweise formulieren „Ich will nicht mehr 90 kg wiegen", empfängt Ihr Unterbewusstes

„Ich will 90 kg wiegen" und wird alles dafür tun, dass Sie Ihr Gewicht beibehalten.

Sie können es sich so vorstellen, dass Sie einkaufen gehen. Da erzählen Sie der Verkäuferin auch nicht, was Sie nicht wollen, sondern was Sie wollen.

Formulieren Sie also eventuell negative Aussagen einfach positiv um und konzentrieren Sie sich auf das was Sie haben wollen.

Weiterhin ist es wichtig, dass Sie Ihre Ziele so ausdrücken, als hätten Sie sie bereits verwirklicht. Also beispielsweise „Ich bin vollständig gesund" und nicht „Ich will gesund werden". Ihr Unterbewusstsein nimmt das was Sie formulieren als Wahrheit an und wird sich darauf ausrichten. Wenn Sie also sagen „Ich will gesund werden", so halten Sie sich in dem Zustand des Wollens und nicht dem Zustand des Seins.

Die richtige Zeit Ihre Träume zu verwirklichen ist „jetzt"!

Zögern Sie nicht länger Ihre lang ersehnten Wünsche und Träume auch zu realisieren, denn sonst bleiben sie nichts weiter als unerfüllte Träume und Wünsche. Fallen Sie nicht auf die „wenn-dann-Falle" herein. Viele Menschen wagen es nicht Ihre Träume endlich anzupacken und umzusetzen und haben dafür viele Begründungen. „Wenn ich erst mal dies oder das habe, dann kann ich....".

In Wahrheit verbirgt sich hinter den vielen „Wenn und Aber´s" nicht weniger als unsere Angst, die mit eben diesen Ausreden gedeckelt und gerechtfertigt wird. Also zögern Sie nicht länger und packen es an, noch heute, denn nur so werden Ihre Träume wahr!

Schieben Sie Ihre Träume nicht vor sich her, sondern beginnen Sie sofort!

Wenn Sie sich beispielsweise zum Ziel gesetzt haben sich selbstständig zu machen, dann können Sie bereits heute mit der Planung beginnen. Das Wesentlichste bei der Umsetzung Ihrer geplanten Ziele ist von der Idee ins Handeln zu kommen und damit zu starten, die ersten Schritte zu tun, um Ihrem Ziel und seiner Realisierung immer näherzukommen.

Wenn Sie damit anfangen zu handeln, wirkt sich das sofort auf Ihr Befinden und den Glauben an sich selbst aus, denn wenn Sie bereits tun was Sie sich bisher nur vorgestellt haben, hat die Realisierung Ihres Wunsches schon begonnen und Ihr Unterbewusstsein konzentriert sich auf die Umsetzung Ihrer Pläne, weil Sie damit beginnen zu handeln, was Ihrem Unterbewusstsein somit signalisiert, dass Sie überzeugt sind, Ihr Ziel erreichen zu können.

Ihr Unterbewusstsein wird alles dafür tun, Ihr Ziel zu erreichen. Also schieben Sie Ihre Ziele nicht länger auf die lange Bank und tun, was auch immer Sie tun können, um Ihre Ziele zu verwirklichen und handeln Sie sofort. Bleiben Sie auf jeden Fall dran, es gibt jeden Tag etwas, was Sie tun können, um Ihre Zielerreichung voranzutreiben. So werden Sie schnell und mit immer mehr Freude zum Ziel kommen und können stolz auf das Erreichte sein.

Lenken Sie Ihren Fokus auf Ihren Erfolg!

Viele Menschen neigen dazu, sobald sie sich ein Ziel gesetzt haben, anstatt an den Erfolg zu denken, an sämtliche Horrorszenarien und Hindernisse zu denken, die ihren Erfolg verhindern könnten. Das bedeutet, sie konzentrieren sich auf Ihren Misserfolg. Das Problem hierbei ist, das wir genau das anziehen, auf was wir uns konzentrieren. Wenn Sie häufig über Ihr mögliches Scheitern und Ihren Misserfolg nachdenken, entfernen Sie sich mehr und mehr von Ihrem Erfolg und demotivieren und demoralisieren sich selbst.

Deswegen sollten Sie negative Gedanken über Ihr Scheitern und Versagen, nachdem Sie sich Ihren Ängsten und Zweifeln bereits gestellt haben, einfach vorbeiziehen lassen und sich auf Ihr Ziel fokussieren!

Visualisieren Sie so oft und so präzise wie möglich, wie Sie Ihr Ziel bereits erreicht haben und spüren Sie, welche positiven Emotionen das erreichte Ziel bei Ihnen auslöst.

So bleiben Sie auf der Erfolgsspur und erhalten Ihre Motivation und Ihre Überzeugung es auch wirklich schaffen zu können. Sie sollten sich ganz und gar auf Ihr Ziel konzentrieren und konsequent und zielgerichtet an Ihrer Zielerreichung arbeiten. Somit fokussieren Sie sich auf das Wesentliche auf Ihrem Weg zum Erfolg und laufen nicht Gefahr, vom Weg abzukommen, und sich ablenken zu lassen, oder gar zu entmutigen.

Fokussieren Sie sich so lange auf Ihr Ziel, bis Sie es erreicht haben und stärken Sie Ihren Glauben daran so gut und so oft Sie nur können. Sorgen Sie außerdem dafür, dass Sie sich ausschließlich mit Themen beschäftigen, die Ihr Erfolgsbewusstsein steigern und Sie inspirieren.

Vermeiden Sie demotivierende Lektüre oder belastende Filme, denn alles, was wir an destruktivem Konsumieren, wirkt sich auf unser Unterbewusstsein demotivierend und schwächend aus. Schauen Sie positive Filme über erfolgreiche Geschichten an, lesen Sie Bücher zum Thema Erfolg und tun Sie alles, was Sie positiv und motiviert stimmt und Ihnen dabei hilft, sich auf Ihren Erfolg zu fokussieren.

Lernen Sie von erfolgreichen Vorbildern!

Auf dem Weg zu Ihrem Ziel, ist es sinnvoll, sich ein Beispiel an bereits erfolgreichen Menschen zu nehmen. Suchen Sie sich Vorbilder und beobachten Sie genau deren Erfolgsstrategien. Umgeben Sie sich mit Menschen, die Ihr Ziel bereits erreicht haben, und lernen Sie von ihnen. Was ist deren Geheimnis? Wie haben Sie Ihr gewünschtes Ziel erreicht?

Auch Sie können Ihr Ziel erreichen, ohne das Rad neu erfinden zu müssen.

Nutzen Sie bereits funktionierende Strategien und das Wissen erfolgreicher Menschen, und integrieren Sie dieses Wissen in Ihre Vorgehensweise. So kürzen Sie Ihren Weg ab und setzen auf bereits bewährte Methoden anderer.

Außerdem haben Vorbilder eine Steigerung unseres Glaubens und unserer Motivation zur Folge, denn schließlich haben sie bereits das realisiert, was wir uns wünschen. Das Schöne hierbei ist vor allem, dass unsere Vorbilder ebenfalls Menschen sind, und sie, ebenso wie wir, Widrigkeiten und Herausforderungen überstehen und annehmen mussten, um Ihr Ziel zu erreichen.

Lesen Sie doch einfach mal die Biografie Ihres Vorbildes. Schauen Sie sich Bilder und Videos Ihres Vorbildes an und achten Sie darauf, wie Ihr Vorbild sich in bestimmten Situationen verhält.

Wie tritt diese Person auf? Wie spricht und gestikuliert sie und wie klingt ihre Stimme? Wie ist ihre Mimik?

Nun visualisieren Sie einmal, dass Sie nun in diese Person hineinschlüpfen und die Welt mit ihren Augen sehen. Identifizieren Sie sich mit Ihrem Vorbild.

Wie verhalten Sie sich jetzt? Was tun Sie jetzt im Körper Ihres Vorbildes, um Ihr Ziel zu erreichen? Oftmals bringt uns dieser Perspektivenwechsel, durch die Augen unseres Leitbildes, ein ganz neues Gefühl und neue Lösungsstrategien, die uns bei der detaillierten Zielsetzung und Umsetzung unserer Ziele und Träume helfen.

Berücksichtigen Sie Ihre Ressourcen

Ein wichtiger Aspekt, ist das Abgleichen Ihrer Ziele mit den vorhandenen Ressourcen, die Sie bereits zur Zielerreichung mitbringen.

Welche Stärken bringen Sie mit, die Ihnen bei der Realisierung Ihrer Ziele dienlich sind? Welche Schwächen bringen Sie mit, die Ihren Erfolg gefährden könnten und an denen Sie arbeiten sollten? Welche Wertvorstellungen haben Sie und sind diese mit der Erreichung Ihres Ziels kompatibel?

Nur wenn Sie absolut hinter Ihren Zielen stehen können, können Sie diese auch erreichen. Wie einfach oder schwer ist es mit dem Hintergrund Ihrer individuellen Schwächen und Stärken Ihre Ziele zu erreichen?

Das Wichtigste überhaupt aber, ist Ihre Motivation, Ihre Ziele zu erreichen. Wenn Ihre Motivation für Ihre Zielerreichung sehr hoch ist, können Sie auch ein paar Schwächen nicht aufhalten, Ihre Ziele zu realisieren.

Dennoch ist es wesentlich einfacher für Sie, wenn Sie Ihre Ziele ohne große Mühe erreichen können und auf Ihre Stärken unterstützend zurückgreifen können.

Darum ist es ratsam sich auf diese Ziele zu fokussieren, für die Sie eine sehr hohe Motivation mitbringen und die authentisch zu Ihrer Persönlichkeit passen. Überprüfen Sie auch, welche Emotionen Ihre Ziele bei Ihnen auslösen. Anhand Ihrer Gefühle haben Sie einen zuverlässigen Navigator, der Ihnen ganz klar und deutlich spiegelt, wie es um Ihre Überzeugung, Motivation und Wertvorstellungen in Bezug auf Ihre Ziele steht. Sie sollten sich wohl mit der Vorstellung Ihrer erreichten Ziele fühlen und diese mit ganzer Überzeugung vertreten können, dann wissen Sie, dass Sie auf dem richtigen Weg sind.

Da unsere Energie allerdings begrenzt ist, müssen wir auch immer im Auge behalten, dass wir uns nicht überfordern und dass wir nicht zu viel auf einmal erreichen wollen, denn manchmal besteht die Gefahr, dass unsere Energie nicht ausreicht, weil wir uns zu viel vorgenommen haben, was oftmals zur Folge hat, dass wir aus Erschöpfung dann alles abbrechen, weil die Puste raus ist.

Außerdem sollten Sie darauf achten, dass Ihre Ziele sich nicht gegenseitig widersprechen oder gar gegenseitig ausschließen, denn wenn Sie sich beispielsweise zum Ziel gesetzt haben sich selbstständig zu machen, und gleichzeitig nie mehr arbeiten zu müssen, dann ist es doch wohl eher unwahrscheinlich, dass Sie eines dieser Ziele erreichen können, geschweige denn beide.

In so einem Fall ist es vielmehr sinnvoll sich zuerst das eine Ziel und dann das nächste. und so weiter, vorzunehmen.

Überfordern Sie sich nicht!

Achten Sie darauf, dass Sie sich nicht überfordern und zu viel auf einmal wollen. Passen Sie Ihre Zielsetzung an Ihre realistischen Möglichkeiten an, um eine Demotivation auf halber Strecke zu vermeiden. Machen Sie lieber kleine Schritte als alles auf einmal, dann haben Sie auch einen langen Atem. Außerdem gibt Ihnen ein guter Strukturplan mit Zwischenzielen Sicherheit und hilft Ihnen die Kontrolle zu behalten und nicht auf einem plötzlich unüberwindbar lang erscheinenden Weg zum Ziel aufzugeben.

Um voranzukommen, ist es manchmal nötig, einen Schritt zurückzugehen oder kleine Schritte zu machen. Die Erreichung Ihrer Ziele soll Ihnen Spaß machen und Sie sollten es wollen, aber nicht müssen. Nur wenn Sie Ihre Ziele erreichen wollen und darauf freuen diese zu verwirklichen, werden Sie diese auch ambitioniert verfolgen.

Es ist sehr maßgeblich für Ihren Erfolg, dass Sie Ihre Ziele nicht zu hoch oder gar unrealistisch stecken, oder zu viele Ziele im selben Augenblick erreichen wollen oder Ihre Ziele sich gegenseitig im Wege stehen.

Behalten Sie stets Ihre realistischen Ressourcen im Auge und planen Sie genügend Ruhephasen, sowie Spaß und Genuss ein, dann erreichen Sie Ihre Ziele leichter und bleiben dabei entspannt und gelassen ohne sich selbst zu überanstrengen.

Arbeiten Sie nicht „hart", sondern „scharfsinnig"!

Das Geheimnis des Erfolgs liegt nicht darin, besonders schwer und hart zu arbeiten, sondern klug und scharfsinnig. Gehen Sie strategisch vor und planen Sie Ihre Arbeitsschritte effizient. So sparen Sie viel Zeit und Kraft und bleiben auf der Überholspur. Berücksichtigen Sie bei Ihrer Planung immer Phasen der Erholung und Entspannung, aber auch körperliche Tätigkeit wie Sport und genug Zeit, um sich ausgewogen zu ernähren.

Nur wenn Sie fit und gesund sind, sind Sie auch voll leistungsfähig. Deswegen ist es sehr wichtig, dass Sie genug Zeit für Bewegung, Schlaf und ausgewogene Ernährung einplanen.

Erfolgreiche Menschen berücksichtigen dies in Ihrem Lifestyle, weil Sie längst verstanden haben, dass Sie nur voll leistungsfähig und erfolgreich sein können, wenn Sie fit und gesund sind. Was hat körperliche Fitness und gesunde Ernährung mit Erfolg zu tun? Ganz schön viel!

Nur wenn Sie körperlich fit und ausgeglichen sind und Ihren Körper mit gesunder Ernährung und ausreichendem Trinken versorgen, sind Sie auch in der Lage Höchstleistungen zu bringen und erfolgreich zu sein.

Auch ausreichender Schlaf ist enorm wichtig, um am nächsten Tag wieder sprühend vor Energie seinen Alltag zu meistern, ohne sich dabei zu überfordern oder zu überlasten. Es ist also auf lange Sicht weitaus cleverer, nicht hart und verbissen zu schuften, bis nichts mehr geht, sondern seine Planung von vorneherein so auszurichten, dass alle wichtigen Bereiche, die zu Ihrem Wohlergehen und Erfolg beitragen, ausreichend berücksichtigt werden.

Setzen Sie sich auf dem Weg zu einem großen Ziel Zwischenziele!

Wenn Ihr Traum sehr groß ist, ist es sinnvoll, sich kleinere Etappenziele zu stecken. Das hilft Ihnen Ihre Motivation aufrecht zu halten und bereits auf dem Weg zur Erreichung Ihres Ziels, schon Teilerfolge verzeichnen zu können. Dies stärkt Ihr Selbstbewusstsein und Ihren Glauben an sich selbst.

Ziele, die einfach und schnell umsetzbar sind, sind kurzfristige Ziele. Wenn Sie sich aber Ziele gesteckt haben, die eine längere Vorbereitungszeit und viele Schritte benötigen, handelt es sich um langfristige Ziele, die in Zwischenziele unterteilt werden sollten.

Zwischenziele bewahren Sie davor sich zu überfordern oder auf halber Strecke die Motivation zu verlieren, weil das gesteckte Ziel noch so weit entfernt ist.

Wenn Sie sich Zwischenziele setzen, können Sie immer wieder kleinere Erfolge feiern und bewegen sich kontinuierlich auf Ihr großes Endziel zu.

Kleinere Ziele sind leichter zu erreichen und bringen so schnell einen Erfolg, daher treiben kurzfristige Zwischenziele geradezu zum Handeln an und motivieren, durch einen raschen Erfolg dazu, weiterzumachen, und das nächste Zwischenziel in Angriff zu nehmen, bis schließlich das große Endziel erfolgreich verwirklicht ist.

Zeitfristen setzen!

Nachdem Sie die Ihre 5 wichtigsten Ziele festgelegt haben,die Sie erreichen wollen, ist es sehr wichtig, Ihre Ziele auch mit einer klaren Zeitfrist zu versehen, dass bedeutet, Sie legen präzise fest, bis wann Sie Ihre Ziele umgesetzt haben wollen. Das legt einen konkreteren Fokus auf die Zielerreichung in Ihrem Bewusstsein und Unterbewusstsein und hilft Ihnen, Ihre Ziele auch wirklich realistisch umzusetzen.

Abgesehen davon wird Ihr Erfolg nun messbar und damit überprüfbar. Außerdem haben Sie es bestimmt selbst schon festgestellt, Sie brauchen für eine Aufgabe immer genau so viel Zeit, wie Sie selbst planen. Wenn Sie beispielsweise planen Ihr Haus in 5 Stunden zu putzen, so werden Sie genau 5 Stunden dafür benötigen. Wenn Sie aber Ihren Hausputz in 3 Stunden erledigen müssen, werden Sie das ebenfalls tun.

Wir neigen also dazu, genau so viel Zeit für die Bewältigung einer Aufgabe zu benötigen, wie festgesetzt wurde, weil Sie Ihr Unterbewusstsein auf eine bestimmte Zeitspanne programmieren. Diesen Effekt können Sie also für Ihre Zielrealisierung nutzen, indem Sie für die Umsetzung Ihrer Ziele genaue Fristen festlegen und somit wiederum Ihr Unterbewusstsein auf die Erreichung Ihrer Ziele bis zu einem bestimmten Zeitpunkt ausrichten. Planen Sie die Zeitspanne für Ihre Tätigkeiten realistisch aber auch keinesfalls zu lange ein, denn wir neigen wie gesagt dazu, die veranschlagte Zeit dann auch wirklich zu benötigen.

Probieren Sie es einfach aus und planen Sie für Ihre Tätigkeiten einmal ein wenig weniger Zeit ein. In der Regel erledigt man seine Tätigkeiten so automatisch schneller.

Selbstverständlich können Sie für die Umsetzung großer Ziele auch Zeitfristen für die Erreichung von Teilzielen festlegen, was Ihnen eine noch bessere Überprüfbarkeit Ihres Erfolges und damit auch einen hohen Ansporn und viele Erfolgserlebnisse beschert, wenn Sie feststellen, dass Sie Ihrem großen Ziel wieder einen Schritt näher gekommen sind und erreicht haben, was Sie sich vorgenommen haben.

Belohnen Sie sich selbst!

Um die Erreichung Ihrer Ziele für Sie noch attraktiver zu gestalten und sich selbst anzutreiben ist es empfehlenswert, sich für die einzelnen Teilziele Belohnungen zu überlegen die Sie sich gönnen, wenn Sie ein Teilziel erfolgreich erreicht haben. Hierbei sind Ihrer Fantasie keine Grenzen gesetzt. So könnten Sie sich beispielsweise einen Wellnesstag oder einen Abend mit Freunden gönnen oder sich ein schönes Kleidungsstück kaufen, was auch immer Sie gerne mögen, wichtig ist nur, dass Sie sich selbst für Ihre Teilerfolge belohnen und sich selbst anspornen Stück für Stück Ihr Ziel zu erreichen.

Schreiben Sie die jeweilige Belohnung für die Erreichung Ihrer Ziele hinter das entsprechende Ziel auf Ihrer Liste und freuen Sie sich auf Ihren Weg zum Erfolg, der Ihnen so, noch viel mehr Spaß bereitet, indem Sie sich neben der Vorfreude auf die Umsetzung Ihrer Ziele, nun auch noch auf Ihre Belohnungen freuen dürfen.

Bereits die Erwartung eines Erfolges stimuliert in unserem Gehirn das sogenannte Belohnungssystem, welches uns dabei hilft, unsere Ziele weiterhin zu verfolgen. Wenn wir das Gefühl haben, dass sich unser Einsatz lohnt, engagieren wir uns noch mehr und es fällt uns leichter, durchzuhalten.

Planen Sie Ihre Zielerreichung anders herum

Eine weitere, sehr wirksame Methode seine Ziele zu erreichen, besteht darin, sich den Zustand, das Ziel bereits erreicht zu haben, detailliert vorzustellen und dann, von der bereits bestehenden Erreichung des Ziels, rückwärts bis zum jetzigen Zeitpunkt zu planen. Diese Variante ermöglicht eine andere Perspektive auf dem Weg zur Zielerreichung, da vom bereits erreichten Ziel ausgegangen wird.

Oftmals entdecken Sie so neue Schritte und Wege wie Sie Ihr Ziel umsetzen können. Weiterhin bringt das rückwärts Planen einen weiteren Vorteil. Wenn Sie vom bereits erreichten Ziel rückwärts in die Gegenwart planen, erhalten Sie einen zeitlich realisierbaren Plan, da Sie die Zeit rückwärts noch mal anders wahrnehmen und verplanen.

Außerdem ist der Blick fürs Wesentliche bei der Rückwärtsplanung höher und man erkennt unrentable Arbeitsschritte, die man bei der herkömmlichen Gliederung vielleicht aus Angst eingeplant hatte. Somit schärfen Sie Ihre Sicht für das Notwendige und bekommen ein wirklichkeitsgetreues Bild von der Zeit, die Sie benötigen, um Ihre Absichten und Ziele zu meistern.

Folglich ist das Instrument der Rückwärtsplanung ein sehr effektives Hilfsmittel eine wirklich gute, fundierte und realisierbare Zielplanung zu entwickeln, welche unverzichtbar für Ihren Erfolg ist. Planen Sie aber auf jeden Fall genügend Pufferzonen ein, um Ihre Vorgehensweise immer wieder anpassen zu können und flexibel zu bleiben, denn der beste Plan ist niemals statisch und erfordert unweigerlich die Implementierung von Freiräumen und eine Feinabstimmung auf sich stetig verändernde Bedingungen.

Integrieren Sie Ihre bewusste Zielleerreichung in Ihren Alltag

Die bewusste Auseinandersetzung mit Ihren Zielen sollte als fester Bestandteil, genauso wie Essen und Trinken, in Ihren Alltag integriert werden.

Nehmen Sie sich jeden Tag bewusst Zeit, sich mit der Erreichung Ihrer Ziele zu beschäftigen. Visualisieren Sie täglich wie Sie Ihr Ziel bereits erreicht haben und richten Sie Ihre Aufmerksamkeit bewusst auf Ihr Ziel. Das hilft Ihnen dabei, Ihre Motivation dauerhaft zu erhalten und beschwingt, von den positiven Gefühlen, die das Ziel bei Ihnen auslöst, Ihrem Ziel immer näherzukommen.

Auch hier profitieren Sie am meisten von Ihrer Auseinandersetzung, wenn Sie diese schriftlich vornehmen. So können Sie klar und deutlich sehen, wo Sie sich auf dem Weg zu Ihrer Zielerreichung befinden, und können auch problemlos Korrekturen und Anpassungen vornehmen.

Ebenso wichtig ist das bewusste Handeln, also tägliches „Tun" in der Auseinandersetzung mit Ihren Zielen. Sorgen Sie dafür, dass Ihre Zielerreichung zum täglichen Gegenstand ihres Tages wird und Sie jeden Tag ein Stück weiter kommen. Es gibt immer etwas zu tun oder zu verbessern und wenn es nur die bewusst vollzogene Visualisierung und Imagination Ihrer Ziele ist.

Hindernisse und Widrigkeiten auf dem Weg gelassen begegnen

Auf jedem Weg ist mit Hindernissen und Problemen zu rechnen. Lassen Sie sich davon nicht entmutigen. Sehen Sie die Hindernisse als Chancen an, um daran zu wachsen und stärker zu werden. Die Realisierung eines Ziels erfordert naturgemäß auch eine Veränderung in der eigenen Ausrichtung. So sind Hindernisse und Probleme auf dem Weg zur Erreichung eines Zieles nur klare Aufforderungen an dieser Stelle zu wachsen und sich weiterzuentwickeln.

Eine Veränderung kann nur geschehen, wenn sich auch die Basis entsprechend mitentwickelt und verändert.Deswegen begegnen Sie Hindernissen und Widrigkeiten entspannt und gelassen und überwinden Sie diese, anstatt Ihnen aus dem Weg zu gehen.

Legen Sie Ihren Fokus darauf, sich zu entwickeln und an Herausforderungen zu wachsen und steigern Sie Ihre Selbstachtung und Ihren Selbstwert, indem Sie sich mutig neuen Aufgaben und Hindernissen stellen. Fragen Sie sich nicht „ob" Sie es schaffen können, sondern „wie" und Sie werden eine Lösung finden.

Begrüßen Sie freudig sämtliche Probleme, die sich Ihnen in den Weg stellen und machen Sie es sich zur Aufgabe weiter zu lernen und kontinuierlich neue Lösungen zu finden, im tiefen Vertrauen auf Ihre Fähigkeiten und Lösungskompetenzen.

Blicken Sie in solchen Momenten auch gerne mal zurück auf Situationen in Ihrer Vergangenheit, die sie schon längst erfolgreich gemeistert haben, wie beispielsweise als Sie das Gehen gelernt haben, dann relativiert sich die Scheu schnell wieder Probleme anzugehen, weil Sie wissen, dass Sie schon viel Schwierigeres in Ihrem Leben überstanden und gemeistert haben und sogar daran gewachsen sind und sich neue Fertigkeiten angeeignet haben. Also legen Sie Ihre Angst ab und stellen Sie sich Ihren Herausforderungen, Sie können nur gewinnen!

Lassen Sie sich nicht von Hindernissen und Widrigkeiten auf Ihrem Weg aus dem Konzept bringen, es gibt immer eine Lösung, wenn man bereit ist sie zu finden.

Verbinden Sie Ihre Zielsetzung mit immer wiederkehrenden Alltagshandlungen

Wenn Sie sich Ihre Zielsetzung jeden Tag mehrmals ins Gedächtnis rufen, fällt es Ihnen leichter motiviert und auf der Zielgeraden zu bleiben. Hierzu können Sie eine tägliche Alltagshandlung einfach mit Ihrer Zielsetzung verbinden.

Wählen Sie hierbei etwas aus, was Sie mehrmals am Tag verwenden. Sie können beispielsweise einen Zettel mit Ihrem notierten Ziel oder ein Bild davon, an Ihren Badezimmerspiegel kleben oder zum Beispiel ein Passwort, welches Sie häufig verwenden mit Ihrem Ziel verknüpfen. Trinken Sie viel Kaffee? Dann machen Sie Ihre Kaffeetasse zum Medium Ihres Ziels und bekleben Sie Ihre Tasse mit einem Bild oder dem Wort Ihres Ziels, und jedes Mal wenn Sie Ihren Kaffee genießen, denken Sie automatisch an Ihr Ziel.

Genauso könnten Sie Ihre Zigarettenschachtel oder andere Gegenstände dazu nutzen, die Sie mehrmals am Tag verwenden, sich auf Ihr Ziel zu besinnen. Je häufiger Sie sich mit Ihrem Ziel auseinandersetzen, desto schneller werden Sie es erreichen.

Nutzen Sie die Möglichkeiten, die Ihr Alltag Ihnen bietet und lassen Sie Ihre Zielsetzung überall einfließen, wo es möglich ist. Hierbei ist Ihrer Fantasie keine Grenzen gesetzt, es kommt nur darauf an, dass Sie Ihre Zielsetzung nicht aus den Augen verlieren und so oft es nur geht, daran erinnert werden.

So kann das Nötige mit dem Nützlichen sinnvoll verbunden werden und Sie nutzen alle Möglichkeiten Ihrem Ziel kontinuierlich näherzukommen.Nutzen Sie die Energie Ihres Wunsches, die sich jedes mal aufs Neue entfalten kann, wenn Sie sich Ihr Ziel ins Gedächtnis rufen.

To-do-Listen

Um erfolgreich zu sein, muss vieles bewältigt und erledigt werden und es sollte dennoch genug Raum sein, die so wichtige Motivation auf dem Weg zum Ziel nicht zu verlieren. Deswegen ist es unverzichtbar, sich gründlich zu strukturieren und seinen Alltag gut zu planen.

To-do-Listen haben sich hierfür als sehr effektiv erwiesen. Schreiben Sie sich für jeden Tag eine Liste, die an Ihre Ressourcen angepasst ist, und notieren Sie darauf alles, was Sie an diesem Tag schaffen wollen.

Berücksichtigen Sie aber auf jeden Fall ausreichende Pausen und auch Zeiten, an denen Sie sich bewusst mit Ihrem Ziel auseinandersetzen können und überfordern Sie sich nicht!

Konsequent und dauerhaft „weniger", ist „mehr" als zu viel, denn zu viel kann schnell zu einem Zusammenbruch führen, der Ihre Motivation und Ihr Selbstbewusstsein in den Keller befördern kann. Deswegen achten Sie auf sich und passen Ihre Anforderungen an sich selbst und an Ihre realistischen Ressourcen an.

To-do-Listen haben den positiven Effekt, jeden Tag kleine Erfolge feiern zu können, weil man das Erledigte einfach durchstreichen oder abhaken kann und am Ende des Tages sieht, wie viel man eigentlich geschafft hat. Wenn Sie am Ende des Tages allerdings feststellen sollten, dass Sie vieles auf Ihrer Liste nicht erledigt haben, sollten Sie das ehrlich hinterfragen und Ihre To-do-Liste künftig entsprechend anpassen. Vielleicht haben Sie sich zu viel vorgenommen oder aber Sie sind bestimmten Aufgaben aus dem Weg gegangen.

Solange Sie aber wenigstens 80 % der von Ihnen geplanten Tätigkeiten erfolgreich erledigt haben, dürfen Sie sich freuen und stolz auf sich sein. So haben Sie am Ende des Tages, mit Ihrer abgehakten To-do-Liste, etwas Sichtbares in der Hand, an dem Sie Ihren Erfolg ganz deutlich und einfach messen können und das ist ungeheuer wichtig, um Ihr Selbstvertrauen und den Glauben an sich selbst, aber auch den Glauben an die Erreichung Ihrer Ziele, kontinuierlich aufzubauen.

Motivation erhalten auf dem Weg zum großen Ziel!

Wer kennt es nicht! Das E-Mail-Postfach quillt über, im Briefkasten warten die nächsten unbearbeiteten Briefe und der Abwasch steht an, doch die Motivation ist im Keller und man würde sich einfach am Liebsten nur aufs Sofa legen und lieber mit Freunden telefonieren oder sonst etwas Angenehmes tun. Eine gute Möglichkeit sich aufzuraffen besteht darin, sich bewusst zu machen, wozu es gut ist, wenn man beispielsweise seine Emails bearbeitet oder den Abwasch zeitnah macht.

Um sich das einmal ganz bewusst zu verdeutlichen, kann es hilfreich sein sich auf seiner täglichen To-do-Liste hinter jede Aufgabe, die Begründung, im Hinblick auf die Erreichung des eigentlichen großen Ziels, zu notieren.

Das kann dann zum Beispiel so aussehen:

- Papiere für das Amt erledigen → Begründung: Finanzielle Freiheit erreichen

- E-Mails abarbeiten → Begründung: Klarheit und Struktur, um unabhängig sein zu können usw.

Wenn Sie also Ihre täglichen Arbeiten in einen sinnvollen Bezug zu Ihrem Hauptziel setzen, erhalten Sie sich Ihren

Ansporn und merken auf einmal, wie Ihnen Ihre Tätigkeiten viel leichter von der Hand gehen.

Wir wollen alle etwas Sinnvolles tun. Indem Sie Ihren eher unattraktiven aber notwendigen Alltagstätigkeiten einen Sinn verleihen, schwindet Ihr innerer Widerstand und Sie können sich wieder aufraffen im Dienste Ihres Ziels. Machen Sie sich bewusst, dass Sie sich mit Ihrer Zielerreichung auf dem besten Weg zur Autonomie befinden, denn wenn Sie Ihre Ziele erreichen, dann haben Sie Ihr Leben aktiv selbst gestaltet, und zwar so, wie Sie es wollen.

Balance zwischen Empathie und Erwartung finden!

Erwarten Sie viel von sich und überschreiten Sie Ihre eigenen Grenzen, aber überfordern Sie sich nicht und seien Sie nicht zu streng zu sich selbst. Wenn ein Tag einmal nicht so gut läuft oder, wenn Sie nicht alles immer so schaffen, wie Sie es sich vorgenommen haben, dann zeigen Sie auch Mitgefühl für sich selbst. Wir sind alle nur Menschen und keine Maschinen und sollten auch uns selbst gegenüber liebevoll und empathisch sein.

Wenn Ihr Körper Ihnen signalisiert, dass er müde ist und eine Auszeit braucht, dann gönnen Sie ihm die wohlverdiente Ruhezeit. Danach können Sie sich frisch und energetisiert erneut ans Werk machen und sind wieder leistungsfähig und konzentriert.

Versuchen Sie eine Balance zwischen dem Ehrgeiz, Ihr Ziel diszipliniert zu erreichen, und einem angemessenen Mitgefühl, für sich selbst. Es hilft Ihnen gar nichts sich selbst zu demotivieren und sich mit Selbstvorwürfen zu quälen, weil es mal nicht so läuft, das schwächt Sie nur unnötig. Behandeln Sie sich selbst genau so wie Sie einen lieben Menschen, der Ihnen Nahe steht, behandeln würden, wenn er frustriert und niedergeschlagen ist. Erwarten Sie viel von sich, fordern Sie sich selbst heraus, aber überfordern Sie sich nicht.

Gönnen Sie sich Auszeiten!

Um erfolgreich zu sein, ist eine hohe Leistungsfähigkeit und viel Ausdauer notwendig. Damit Sie richtig durchstarten können und auch langfristig am Ball bleiben können, ist es immens wichtig, sich auch ausreichende Ruhezeiten und Phasen zum Kraft und Energie tanken einzuräumen.

Schaffen Sie bewusst einen Ausgleich zum stressigen Alltag und kümmern Sie sich um sich selbst. Mit aufgetankten Ressourcen kann es dann wieder konzentriert, mit neuer Energie, weitergehen. Nur wenn es Ihnen gut geht und Sie fit sind, haben Sie auch die Kraft und die nötige Ausdauer. um auf dem Erfolgskurs zu bleiben.

Wenn Sie sich jedoch überfordern, laufen Sie Gefahr, dass Ihnen auf halber Strecke die Luft ausgeht! Gehen Sie an die frische Luft und machen Sie einen Spaziergang. Treiben Sie Sport! Bewegung und frische Luft bringen Sie wieder in Schwung und energetisieren Sie aufs Neue.

Sorgen Sie außerdem für einen ausreichenden und erholsamen Schlaf.

Sie sollten darauf achten, dass Sie auch wirklich Ihre 8 Stunden Erholungsschlaf haben. Als enorm effektiv hat sich außerdem das altbekannte Mittagsschläfchen, auch

10-Minuten-Schlaf oder Powernapping genannt, erwiesen. Unser Körper ist in der Lage, sich rasch zu regenerieren und so reicht schon ein kleines Schläfchen aus, um Ihre Batterien wieder aufzuladen und Sie wieder leistungsfähig und fit zu machen.

Außerdem kommen kleine Schlafpausen Ihrem Herz-Kreislauf-System, aber auch Ihrer Seele und Ihrem meist reizüberfluteten Gehirn zugute und beugen somit einem Burn-out und Herz-Kreislauf-Erkrankungen vor. Ein kleines Nickerchen können Sie jederzeit und überall machen. Sie sollten sich dazu einfach nur einen Wecker stellen, der Sie spätestens nach einer 30-minütigen Schlafpause wieder weckt, da Sie ansonsten in die Tiefschlafphase fallen, die einem das wieder Aufstehen erschwert.

Wie man inzwischen weiß, reicht die kurze Schlafpause vollkommen aus, um Sie wieder zu revitalisieren. Also gönnen Sie sich ruhig öfter mal ein Schläfchen und sehen Sie selbst, wie Sie sich ausgeglichener und energiegeladener ans Werk machen können, und so Ihren Alltag viel leichter schaffen.

Mit Neid und Anfeindungen gelassen umgehen!

Sobald Sie erfolgreich sind, rufen Sie Neider und missgünstige Menschen auf den Plan. Lassen Sie sich davon nicht entmutigen oder gar von Ihrem Weg abbringen! Jeder erfolgreiche Mensch kennt diese Situation. Es werden nie alle einer Meinung sein und so kann man auch nicht erwarten, dass alle Menschen gut finden, was Sie machen oder dass andere Ihre Arbeit wertschätzen.

Es wird immer Menschen geben, die Ihnen Ihren Erfolg nicht gönnen! Neid gehört, ebenso wie alle anderen Emotionen, zu unserer Natur und ist überall zu finden.

Meist sind neidische Menschen, Menschen mit einem schwach ausgeprägten Selbstwert. Wenn Sie also verstehen können, dass neidische Menschen tief sitzende eigene Probleme haben und ihr Verhalten gar nichts mit Ihnen persönlich zu tun hat, fällt es Ihnen auch leichter mit eventuellen Neidern und deren Missgunst umzugehen.

Abgesehen davon sollten Sie sich vor Augen halten, dass Sie sich eigentlich geschmeichelt fühlen dürfen, denn offensichtlich haben Sie etwas, was auch für andere erstrebenswert ist, denn sonst würden Sie bei anderen ja keine Neidgefühle auslösen. Stehen Sie drüber und nehmen Sie diese Tatsache einfach nur zur Kenntnis, wenn Sie mit neidischen Blicken oder unsachlichen Kommentaren konfrontiert werden, ohne dies auf sich persönlich zu beziehen. Oftmals stecken hinter solchen Kommentaren Menschen, die im tiefsten Innern von „Ihrem Erfolg" nur träumen können.

Konzentrieren Sie sich stattdessen auf die Menschen, die Ihre Arbeit und Ihren Erfolg wertschätzen und Ihnen wohlgesonnen sind, freuen Sie sich über Ihren wohlverdienten Erfolg und lassen Sie sich das, von niemandem nehmen.

Kritik als Chance verstehen!

Wenn Sie konstruktiv kritisiert werden, sollten Sie sich diese Kritik einmal genauer anschauen.

Um stetig wachsen zu können und sich zu optimieren, ist es wichtig, den Spiegel im Außen, in Form von Kritik ernst zu nehmen, und nochmals zu überdenken. Vielleicht gibt es ja wirklich etwas, was Sie verbessern können. Nutzen Sie Kritik einträglich und nehmen Sie sie, als wertvollen Hinweis und Chance, zur Optimierung auf.

Versuchen Sie Kritik nicht persönlich zu nehmen und auf sich als gesamte Person zu beziehen, konzentrieren Sie sich lieber auf die enthaltenen Fakten und betrachten Sie diese nüchtern und wertfrei. Hören Sie sich Kritik ganz in Ruhe an und lassen Sie den Kritiker unbedingt ausreden, so zeigen Sie, dass Sie offen sind für konstruktive Kritik und für Verbesserungsvorschläge ein offenes Ohr haben.

Für den Fall, dass Sie unangemessen kritisiert werden oder die Kritik nicht sachlich ist, können Sie einfach kundtun, dass Sie das anders sehen, müssen sich aber nicht einer Kritik stellen, die keine ist.

Nur wirklich sachliche und konstruktive Kritik ist hilfreich für Sie und lohnt genauer nachzuhaken und hinzuhören. An konstruktiver und ehrlicher Kritik können wir wachsen und sehen, wo wir stehen und wo wir uns noch verbessern können.

Sollte eine Kritik bei Ihnen allerdings auslösen, dass Sie sich verletzt und gekränkt fühlen, so könnte es sein, dass an der geübten Kritik ein Fünkchen Wahrheit dran ist und Sie für etwas kritisiert werden, was Sie tief im Innersten an sich selbst nicht mögen.

Dann dürfen Sie noch mal genauer hinsehen und an Ihrem Selbstwert und Ihrer Selbstliebe arbeiten.

Wenn Sie sich Ihrer Sache wirklich sicher sind und aus voller Überzeugung hinter Ihrem Tun stehen können, wird Sie eine Kritik nicht wirklich aus dem Konzept bringen oder in irgendeiner Weise tangieren. Sie werden dankbar sein für Verbesserungsvorschläge und ehrlich gemeinte Kritik, aber auch selbstsicher genug, sich auf vorgetäuschte und unsachliche Kritik gar nicht einzulassen und frohen Mutes voranzuschreiten.

Bereiten Sie sich auf Extremsituationen und Leistungsdruck vor!

Auf dem Weg zu Ihrem Ziel müssen Sie damit rechnen, dass es Tage geben wird, an denen Sie viel Stress haben und unter großem Druck stehen. In solchen Zeiten ist es nicht immer einfach motiviert und leistungsfähig zu bleiben. Grade bei großem Stress vermindert sich bei vielen Menschen die Leistungsfähigkeit und es fällt Ihnen schwer, sich zu konzentrieren.

Hierbei ist es besonders hilfreich sich bewusst zu machen, welche realistischen Erwartungen an uns gestellt werden und dem subjektiv empfundenen Stress und Leistungsdruck, welchen wir uns selbst machen.

Das hängt entscheidend davon ab, welche subjektiven Erwartungen wir an uns haben, denn oft entsprechen unsere subjektiven Erwartungen nicht den realistischen Erwartungen, die beispielsweise unser Chef, unsere Lehrer, oder ein Kunde an uns hat.

Wenn wir alles 1000 % -ig und superperfekt machen wollen, wird es schwer unseren eigenen Erwartungen auch gerecht zu werden und wir müssen uns fragen, ob 100 % nicht auch genügen, und wir unsere Erwartungen an uns selbst, vielleicht zu hoch setzen.

Nichtsdestotrotz sind hohe Erwartungen an uns selbst, und der Anspruch, sein Bestes zu geben, sicherlich angebracht, wenn man sich ein Ziel gesteckt hat, aber hier gilt es, die feine Balance zwischen Forderung und Überforderung für sich selbst herauszufinden und seine Ziele und Erwartungen, immer wieder aufs Neue, entsprechend anzupassen.

Wie immer, wenn wir unter Stress stehen, verbirgt sich dahinter in Wahrheit eine Angst wie zum Beispiel die Angst den Erwartungen anderer nicht gerecht werden zu können.

Wenn Sie auch zu den Menschen gehören, die unter Versagensangst leiden und eigentlich immer alles können, bis es drauf ankommt, dann gibt es einen sinnvollen Weg, sich mental auf solche Situationen vorzubereiten.

Ein dienliches Instrument um sich seinen Ängsten bewusst zu stellen und Lösungsstrategien zu entwickeln ist es, sich einmal ein Worst-Case-Szenario auszumalen. Stellen Sie sich das Schlimmste vor, was passieren kann, das, wovon Sie am meisten Angst haben, und spielen Sie diese Situation detailliert durch. Was könnten Sie tun, wenn genau das passiert, vor was Sie sich am meisten fürchten?

Wenn wir zulassen uns dieser Situation imaginär zu stellen, bemerken wir, dass unsere Angst gar nicht nötig ist, und erkennen neue Lösungswege dafür, wie wir mit unseren Ängsten in solchen Situationen umgehen können. So wird die große Angst immer kleiner und verschwindet möglicherweise ganz.

Wenn Sie Ihr eigentliches Ziel formuliert und fokussiert haben, setzen Sie sich Verhaltensziele wie Sie handeln wollen, um Ihr Ziel auch zu erreichen. Diese Methode wird gerne im Profi- und Leistungssport genutzt, weil Sie den Druck vermindert, indem sich der Sportler dann auf die festgelegte Zielsetzung im Handeln konzentriert.

Das bedeutet beispielsweise, das eigentliche Ziel, der Sieg eines Wettkampfes, wird durch Zwischenziele fokussiert, die sich einzig und allein auf die aktive Handlung des Sportlers beziehen. Diese Vorgehensweise vermindert die Angst vor dem Scheitern und ermöglicht es die Motivation und Überzeugung das eigentliche Ziel erreichen zu können, aufrechtzuerhalten.

Ausdauer und Einsatzbereitschaft sind die Voraussetzung für Ihren Erfolg!

Nur wenn Sie bereits sind, Überstunden und viel Arbeitseinsatz aufzuwenden und eine ausdauernde hohe Einsatzbereitschaft mitbringen, wird Ihr Ziel auch erreichbar sein. Grade wenn Sie sich beispielsweise mit einem neuen Vorhaben beruflich selbstständig machen wollen, müssen Sie viel Einsatz bringen und viel Zeit investieren. Dies werden Sie nur leisten können, wenn Sie Ihren Traum um jeden Preis verwirklichen wollen. Deswegen setzen Sie sich nur Ziele, die Sie auch wirklich erreichen wollen und für die Sie absolute Bereitschaft mitbringen!

Ein ebenso wichtiger Aspekt ist die Fähigkeit geduldig zu sein. Treiben Sie die Realisierung Ihrer Ziele voran, aber üben Sie sich auch in Geduld, wo es nötig ist. Das schont Ihre Nerven und hilft Ihnen gelassen zu bleiben, auch wenn nicht alles sofort klappt.

Entscheidend hierbei ist Ihre Frustrationstoleranz, das bedeutet die Fähigkeit mit Frust und Niederlagen umzugehen. Diese Fähigkeit ist nicht bei allen Menschen gleich gut ausgebildet, kann aber trainiert werden, genauso wie die Fähigkeit geduldig zu sein.

Menschen, die eine hohe Frustrationstoleranz aufweisen, können wesentlich besser mit Rückschlägen und Frustrationen umgehen und bringen in der Regel auch wesentlich mehr Geduld, aber auch Kampfgeist und

Entschlossenheit mit, eben nicht aufzugeben, sondern es erneut zu versuchen und schließlich auch zu schaffen.

Um Ihre Frustrationstoleranz und damit auch Ihre Ausdauer zu steigern, sollten Sie sich immer wieder Situationen stellen, die eher unangenehm für Sie sind, um bedachtsam das Gefühl der Frustration wahrzunehmen und diese eine Zeit lang auszuhalten.

Wenn Sie merken, dass Sie die Geduld verlieren, dann zählen Sie auf 10, atmen Sie bewusst und tief ein und aus, und harren Sie so lange aus, bis Sie bei 10 angekommen sind, bevor Sie handeln.

Wenn Sie dies immer wieder bewusst üben, merken Sie wie es Ihnen immer besser gelingt geduldig zu sein und wie Ihre Frustrationstoleranz sich zusehends steigert. Mit einer hohen Frustrationstoleranz und der Fähigkeit geduldig zu sein, wird es Ihnen gelingen mit Leichtigkeit Hindernisse und Widerstände zu überwinden und Ihrem Ziel Schritt für Schritt immer näherzukommen.

Bleiben Sie flexibel!

Auf der Marschroute zu Ihrem Ziel ist es immer wieder notwendig, die eigene Zielsetzung an Veränderungen anzupassen und zu optimieren. Nicht alles läuft immer glatt und genau so, wie wir uns das vorstellen. Äußere Bedingungen oder Hürden erfordern oftmals ein Umdenken, was eine hohe Flexibilität und auch Improvisationstalent erfordert.

Bleiben Sie flexibel und anpassungsfähig. Das eigentliche Ziel sollten Sie jedoch keinesfalls aus den Augen verlieren. Begreifen Sie Veränderungen als Verbesserungen und nutzen Sie notwendige Veränderungen um Ihren Plan für Ihre Zielerreichung zu optimieren.

Wer Veränderungen als Bedrohung sieht, wird es schwer haben flexibel zu reagieren und zeigt mit seiner Angst, dass es noch Entwicklungsraum, in puncto Selbstvertrauen, gibt.

Die Fähigkeit flexibel und anpassungsfähig auf neue Situationen oder Veränderungen zu reagieren, erlernen wir bereits in Kindertagen, und da diese Erfahrungen nicht immer positiv sind, schlussfolgern manche Menschen daraus, dass Veränderungen mit einer Gefahr gleichzusetzen sind.

Doch sind Veränderungen, sowie kontinuierliche Entwicklungsprozesse ein unumstößliches natürliches

Faktum, von dem diese Menschen oder auch Tiere und Pflanzen profitieren, die in der Lage sind sich den neuen oder veränderten Bedingungen adäquat anzupassen und über sich hinauszuwachsen.

Stellen Sie sich Ihren Widerständen und Ängsten und machen Sie sich frei. Anpassungsfähigkeit und Flexibilität sind ebenso wie andere Fähigkeiten trainierbar.

Machen Sie sich bewusst, wie viele Veränderungen in Ihrem Leben, Sie im Rückblick, zu einer Verbesserung geführt haben, und vertrauen Sie auch in Zukunft darauf, dass Veränderungen immer dann in Ihr Leben treten, wenn eine Optimierung Ihres Lebens ansteht. Nutzen Sie die Chancen, die Ihr Leben Ihnen bietet, und bleiben Sie flexibel, indem Sie auf sich selbst und Ihre Fähigkeiten vertrauen.

Stärken Sie Ihr Selbstbewusstsein, indem Sie sich ins Gedächtnis rufen, wie Sie es schon viele Male geschafft haben, Veränderungen zu meistern, und diese für Sie zu einer Verbesserung werden zu lassen.

Heißen Sie Veränderungen willkommen und bleiben Sie offen und gespannt, was Ihr Leben Neues für Sie bereithält!

Bleiben Sie authentisch!

Um dauerhaft erfolgreich sein zu können, sollten Sie sich auf jeden Fall selbst treu bleiben. Nur wenn Sie authentisch sind, werden Sie auch als die Person wahrgenommen und geschätzt, die Sie wirklich sind!

Verbiegen Sie sich nicht um die Bedürfnisse und Erwartungen anderer zu erfüllen. Masken fallen über kurz oder lang und machen Sie unglaubwürdig. Authentisch sein bedeutet schlichtweg, sich selbst zu sein, und erfordert ein klares Bild von sich selbst inklusive unserer Schwächen und Stärken, zu dem wir zu 100 % stehen können.

Grade in der heutigen Welt, die sich voll von Perfektion, Show und Fassaden präsentiert, suchen Menschen immer mehr nach dem Echten und Ursprünglichen. Doch authentisch zu sein, spiegelt sich nicht nur im eigenen Stil sich zu kleiden und zu präsentieren, es geht auch um die eigenen Wertvorstellungen. Handeln Sie immer so, wie Sie es auch vertreten können, und bleiben Sie Ihren Werten und Grundsätzen treu.

Verkaufen Sie sich nicht, um erfolgreich zu sein, denn das funktioniert allenfalls kurzfristig, niemals jedoch auf lange Sicht. Abgesehen davon werden Sie von anderen wesentlich positiver und sympathischer wahrgenommen, wenn Sie Mensch bleiben und mit Ihren Schwächen und Fehlern ebenso wenig hinter dem Berg halten, wie mit Ihren Stärken und Fähigkeiten.

Bleiben Sie bei sich und versuchen Sie nicht irgendwelche Erwartungshaltungen oder gar affektiert irgendwelche Rollen zu erfüllen, die Sie gar nicht sind.

Das raubt Ihnen nur wertvolle Energie, denn es ist sehr anstrengend eine Rolle zu spielen. Doch das ist gar nicht nötig! Sie sind genau so richtig, wie Sie sind! Stehen Sie zu sich, denn Sie sind perfekt in Ihrer Unperfektheit. Außerdem sollten Sie sich vor Augen halten, dass authentisch zu sein nicht bedeutet, immer gleich zu bleiben, denn auch wir entwickeln uns kontinuierlich weiter und verändern uns.

Authentisch zu sein heißt viel mehr sich selbst, seiner Persönlichkeit und seinen Grundsätzen treu zu bleiben und absolut hinter seinem Handeln stehen zu können. Bleiben Sie authentisch und auch auf dem Teppich, wenn Sie erfolgreich sind, und stellen Sie fest, dass Sie mental immer stärker werden, wenn Sie sich selbst so annehmen und lieben, wie Sie sind.

Ihr Selbstwertgefühl beziehen Sie dann nicht mehr aus der Anerkennung anderer, sondern aus Ihren eigenen Stärken und aus Ihrer eigenen Persönlichkeit und stärken somit Ihre Unabhängigkeit von der Meinung anderer.

Selbst Kritik kann Ihnen dann nichts mehr anhaben, weil Sie mit einem starken Selbstbewusstsein und einer ausgeprägten Authentizität, auch Ihrerseits konstruktiv auf Kritik reagieren können, ohne diese persönlich aufzufassen.

Verabschieden Sie sich von dem Gedanken, es allen recht machen zu müssen, und machen Sie es sich in erster Linie einmal selbst Recht, indem Sie sich endlich so akzeptieren und anerkennen, wie Sie sind mit all Ihren positiven und negativen Seiten, mit alle Ihren Stärken und Ihren Unzulänglichkeiten, denn das sind Sie und Sie sind wundervoll genauso, wie Sie sind!

Das macht Sie einzigartig und wertvoll, denn niemand ist genau so wie Sie.Bereichern Sie die Welt mit Ihrer Einzigartigkeit und versuchen Sie sich nicht in eine Vielzahl von Kopien einzureihen und die Rolle zu spielen, die man von Ihnen erwartet.

Wer es schafft sich freizumachen und einfach nur sich selbst zu sein und das zu leben, spürt wie eine große Last und viel Kopfkino von ihm abfällt. Wie frei und mit wie viel Freude lässt es sich leben, wenn man sich nicht ständig den Kopf darüber zerbrechen muss, was andere wohl über einen denken. Bleiben Sie sich selbst treu und machen Sie sich selbst glücklich und lassen Sie sich überraschen wie viele Menschen Sie genau so mögen, wie Sie sind.

Zeigen Sie Stärke und erkennen Sie Ihre Grenzen!

Keiner kann alles. Deswegen setzen Sie Ihre Fähigkeiten und Kompetenzen ein, um Ihr Ziel zu erreichen, aber scheuen Sie sich auch nicht fachmännischen Rat einzuholen, wo Ihr Wissen und Ihre Kompetenz nicht ausreicht. So kommen Sie auf dem schnellsten Weg zu Ihrem Ziel!

Auch wenn Sie am liebsten alles alleine managen wollen und einen sehr hohen Anspruch an sich selbst haben, nehmen Sie auch Hilfe an, und greifen Sie auf das Fachwissen anderer Personen zurück, vor allem dann, wenn Sie sich in diesen Bereichen noch nicht gut genug auskennen.

Nutzen Sie das Know-how von Fachleuten und kürzen Sie sich den Weg zum Erfolg ab, denn es zeugt von wahrer Größe, wenn man seine eigenen Grenzen kennt und seine Unzulänglichkeiten auch eingestehen kann. Gefährden Sie nicht leichtfertig Ihren Erfolg aus falschem Stolz heraus. Sie müssen nicht alles können und immer nur stark sein. Sie können auch nicht zu allen auftauchenden Problemen ständig eine Lösung haben. Aus diesem Grunde sollten Sie sich den Weg abkürzen, indem Sie die nötige Hilfe annehmen, wo Sie sie brauchen.

Zeigen Sie Stärke, indem Sie Ihre Schwächen klar und deutlich akzeptieren, und machen Sie sich klar, dass wir Menschen von Natur aus, soziale Wesen sind, und es nicht in unserer Natur liegt, sich alleine durchzukämpfen. Außerdem hat jeder erfolgreiche Mensch sein Team oder seinen Freundeskreis, der das abfängt, was man selbst nicht so gut beherrscht.

Dies bringt Ihnen die Möglichkeit, sich ganz und gar auf Ihren Schwerpunkt, auf dass was Sie können, zu konzentrieren, und dort Höchstleistungen zu erzielen, während andere ihrerseits davon profitieren können, den Part zu übernehmen, den sie gut können.

Konzentrieren Sie sich also auf Ihre Stärken und Kompetenzen und geben ab, was Ihnen nicht liegt, oder wo Ihnen die Kenntnisse fehlen, so kommen Sie schnell und auf dem direkten Weg zum Ziel.

Werden Sie sich Ihrer Stärken und Fähigkeiten bewusst und stärken Sie diese. Ihre Fähigkeiten wappnen Sie für schwierige Situationen und steigern Ihr Selbstvertrauen. So fällt es Ihnen leichter Ihre Motivation aufrechtzuerhalten und Ihr Ziel zu erreichen, ohne dabei aus dem Konzept zu kommen, wenn etwas einmal nicht so klappt wie es sollte, und sich hier und da auch helfen zu lassen.

Hören Sie auf Ihr Bauchgefühl!

Wenn es um schwierige Entscheidungen geht, die Ihnen schwerfallen, verlassen Sie sich auf Ihr Bauchgefühl. Ihre Intuition verrät Ihnen zuverlässig, was wir mit unserem Kopf oft nicht verstehen. Wenn sich also eine Entscheidung gut anfühlt, dann verlassen Sie sich darauf, dass sie auch richtig ist. Wenn Sie Ihr Bauchgefühl aber warnt und Sie ein mulmiges Gefühl haben, dann lassen Sie lieber die Finger davon.

Je komplexer und undurchsichtiger eine Entscheidung ist, umso mehr sind Sie gut beraten, auf Ihr Bauchgefühl zu vertrauen, und auf Ihr Unterbewusstsein zu hören.

Warum? Bestimmt haben Sie selbst schon die Erfahrung gemacht, dass Ihr Bauchgefühl Sie gewarnt und damit vor einer brenzligen Situation bewahrt hat, oder aber Sie haben entgegen Ihrem logischen Denken etwas doch getan, weil Ihr Bauchgefühl Ihnen gesagt hat, dass Sie es tun sollen und Sie waren glücklich damit?

Unser Bewusstsein nimmt nur einen Bruchteil unserer Sinneseindrücke bewusst wahr, der Rest landet in unserem Unterbewusstsein, das einfach alles abspeichert und somit einen unermesslichen Schatz an Erfahrungen und Eindrücken bewahrt. Ganz besonders hilfreich für Entscheidungen, die nicht viel Zeit lassen, ist deswegen das Frühwarnsystem unseres Bauchgefühles, dass uns immer prompt die Richtung weist, denn unsere Intuition reagiert wesentlich schneller als unser bewusstes Denken.

Selbstverständlich bedarf eine gute Zielplanung viel bewusstes und analytisches Denken, doch sollten Sie stets mindestens ebenso auf Ihre innere Stimme vertrauen und nur das tun, was sich für Sie gut und richtig anfühlt, dann sind Sie jederzeit auf der sicheren Seite. Versuchen Sie Ihre Planung außerdem immer auf Effizienz auszurichten. Nur wenn sich Ihre Arbeitszeit sich auch für Sie lohnt und Sie so leicht wie möglich schaffen, was Sie erreichen wollen, werden Sie langfristig zufrieden und erfolgreich in Ihrer Tätigkeit oder mit Ihrer Zielerreichung sein. Überdenken Sie auch Ihre Investitionen, denn Sie sollten Ihnen alle einen hohen Wert für Ihre Zukunft bringen. Investieren Sie in Ihre Zukunft und planen Sie Ihre Vorgehensweise scharfsinnig und bedacht, dann werden Sie ausreichend Puste haben, Ihre Ziele zügig zu verwirklichen und erfolgreich zu sein.

Die wichtigste Investition überhaupt ist die Investition in sich selbst, denn Sie sind das Wertvollste was Sie haben. Was Sie einmal wissen und gelernt haben, kann Ihnen keiner mehr nehmen. Und nur wenn es Ihnen gut geht, sind Sie auch in der Lage Ihr ganzes Potenzial auszuschöpfen. Deswegen sollten Sie immer zu erst in sich selbst investieren!

Gestalten Sie Ihr Leben mit Begeisterung!

Menschen die eine positive Ausstrahlung haben, sind erfolgreicher als andere. Sorgen Sie dafür, dass Sie sich jeden Tag Tätigkeiten oder Themen widmen, die Sie begeistern und die Ihnen Freude bereiten. Wenn Sie sich jeden Tag freuen können und etwas zu lachen haben, wirken Sie auf andere sympathisch und anziehend und meistern Ihren Alltag mit seinen, manchmal auch unschönen oder langweiligen Tätigkeiten und Herausforderungen, viel leichter.

Was gibt es in Ihrem Leben, das in Ihnen Leidenschaft und Begeisterung auslöst? Was zieht sich schon Ihr ganzes Leben, wie ein unsichtbarer Faden durch Ihr Leben, weil es Sie schon immer interessiert und ergriffen hat? Was ist es Ihnen Wert, um darum auch zu kämpfen?

Womit beschäftigen Sie sich am liebsten? Wo liegen Ihre Interessenschwerpunkte? Was macht Ihnen Freude und geht Ihnen leicht von der Hand? Welche Themen ziehen Sie mit Haut und Haaren in Ihren Bann?

Wer etwas mit Leidenschaft und Begeisterung tut, sprüht geradezu vor Energie und Leistungsfähigkeit, weil der Motor der Leidenschaft uns zu Höchstleistungen anspornt.

Aus diesem Grund ist es sehr wichtig, dass Sie Ihre Ziele bestenfalls nach Ihren Leidenschaften ausrichten, oder zumindest ausreichend Raum und Zeit für die Beschäftigung mit Ihren Leidenschaften, in Ihrem Alltag, einräumen.

Wenn Sie Ihr Leben mit Begeisterung und Freude leben, werden Sie automatisch die meiste Zeit fröhlich und gut gelaunt sein und Ihnen werden, selbst langweilige oder uninteressante Tätigkeiten, viel leichter von der Hand gehen. Wer in seinem Leben keine Leidenschaften leben kann, der vegetiert mehr, als dass er lebt, und wird sich nicht ausgefüllt und glücklich fühlen.

Das, was unsere Lebensfreude ausmacht, sind gerade diese Situationen oder Momente, in denen wir voller Begeisterung und Herzensfreude ganz in einer Sache aufgehen und uns einfach freuen, hier zu sein, und uns den Dingen zu widmen, die uns begeistern und erfüllen. Wer liebt, was er tut, verfügt über ein Höchstmaß an Motivation und Leistungsfähigkeit und kann nur erfolgreich sein.

Unsere Leidenschaften zeigen uns ganz klar und deutlich auf, was unsere Lebensaufgabe ist, also zögern Sie nicht länger und richten Ihr Leben danach aus, was Sie glücklich und vor allem lebendig macht und wo Sie Ihre Fähigkeiten und Stärken in vollem Ausmaß zum Zuge kommen lassen können.

Öffnen Sie Ihr Herz und wagen Sie es

Tun Sie endlich dass, was Sie schon immer tun wollten. Machen Sie Ihr Herz auf für Ihre Beziehungen, öffnen Sie sich für die Tätigkeiten, die Sie erfüllen und Sie werden schon bald sehen, wie glücklich Sie das macht, und wie erfolgreich Sie allein durch die Motivation Ihrer Leidenschaften sein können. Es ist niemals zu spät. Vergeuden Sie keine kostbare Lebenszeit mehr mit Dingen, die Sie gar nicht wollen und die Sie nicht glücklich machen, sondern beginnen Sie jetzt, Ihr Leben zu leben und sich selbst glücklich zu machen.

Bereichern Sie Ihre Mitwelt und nehmen Sie Ihren Platz ein, indem Sie endlich das tun, wozu Sie da sind, nämlich Ihre persönlichen Fähigkeiten und Stärken zu nutzen und mit Begeisterung und Leidenschaft zu leben.

Urheberrechte

Die Inhalte dieses Werkes unterliegen dem deutschen Urheberrecht. Die Vervielfältigung, Bearbeitung, Verbreitung und jede Art der Verwertung außerhalb der Grenzen des Urheberrechtes bedürfen der schriftlichen Zustimmung des jeweiligen Autors bzw. Erstellers. Downloads und Kopien dieser Seite sind nur für den privaten, nicht kommerziellen Gebrauch gestattet.

Copyright © 2017 T. Breise

Alle Rechte vorbehalten

Impressum einsehbar auf :

tbreise.buch-autoren.de

Eintrag in Email Liste

Anmeldung per Email um über Neuerscheinungen und News informiert zu werden, bitte eine Email an newsletter@tbreise.buch-autoren.de senden. Oder über meine Homepage www.tbreise.buch-autoren.de

Gratis Ebook zum schmökern

Hier ist der Link zu einem meiner Ebooks, dass sie sich nach eintragen in die Emailliste gratis herunterladen können.

http://breiseebook.buch-autoren.de

www.ingramcontent.com/pod-product-compliance
Lightning Source LLC
Chambersburg PA
CBHW050114230526
45470CB00004B/1826